［英］托尼·利特（Tony Little）
［英］赫尔伯·埃特金（Herb Etkin）

———

著

邱 超

———

译

对话青春期

父母、教师和青少年生存手册

Adolescence:
How to
Survive It

A Guide
for Parents, Teachers
and Young Adults

华东师范大学出版社
·上海·

图书在版编目(CIP)数据

对话青春期：父母、教师和青少年生存手册/(英)托尼·利特,(英)赫尔伯·艾特金著；邱超译.—上海：华东师范大学出版社,2022

ISBN 978-7-5760-2937-6

Ⅰ.①对… Ⅱ.①托…②赫…③邱… Ⅲ.①青春期-心理健康-健康教育-手册 Ⅳ.①G444-62

中国版本图书馆 CIP 数据核字(2022)第 112608 号

上海市版权局著作权合同登记　图字：09-2021-0503 号

对话青春期：父母、教师和青少年生存手册

著　　者　[英]托尼·利特　[英]赫尔伯·艾特金
译　　者　邱　超
责任编辑　张艺捷
责任校对　桑林凤　时东明
装帧设计　卢晓红

出版发行　华东师范大学出版社
社　　址　上海市中山北路 3663 号　邮编 200062
网　　址　www.ecnupress.com.cn
电　　话　021-60821666　行政传真 021-62572105
客服电话　021-62865537　门市(邮购)电话 021-62869887
地　　址　上海市中山北路 3663 号华东师范大学校内先锋路口
网　　店　http://hdsdcbs.tmall.com

印　刷　者　上海龙腾印务有限公司
开　　本　787×1092　16 开
印　　张　15.25
字　　数　176 千字
版　　次　2022 年 9 月第 1 版
印　　次　2022 年 9 月第 1 次
书　　号　ISBN 978-7-5760-2937-6
定　　价　48.00 元

出版人　王　焰

(如发现本版图书有印订质量问题,请寄回本社客服中心调换或电话 021-62865537 联系)

译者序

　　每个人的青春期只有一次。然而,青春期或过得壮烈,或过得悲催,对一个人的影响却是十分巨大的。在基础教育中摸爬滚打的岁月里,作为教师,作为校长,我感触最深的是目睹那些容颜姣好的妈妈们,在自己子女的青春期的"侵蚀"下,变得面容沧桑,华发滋生。一代人的青春期,却成了另一代人的"伤不起"。当然,这多少有些夸张,甚至有些将中国青少年的青春期妖魔化了。但若要通过妖魔化就可以让大家更加关注这个生命阶段,倒不失为一件有意义的事情。

　　每个人的青春期,因为所处时代不同,也呈现出不同的特点。我出生在七十年代的农村,我的青春期就因当时的境况而显得与众不同。青春期的初期,赤脚在田野里每天与牛羊为伴,捞鱼摸虾,接受了全面的"劳动教育"和"行走学院"教育。小小年级就锻炼了较好的自理能力与克服困难的能力。当然,我们那些"小屁孩们"的烦恼就是希望过年可以吃上肉和白面馒头,穿上一身新衣服。在那物质匮乏的年代,生活与学习单纯而美好。到了青春期的中期,并不知青春期为何物。大学刚毕业的女教师,红着脸让我们自学《生理卫生》,我们也故作清纯地在课上避开那些让人脸红的图片,而躲在宿舍被窝里偷偷自学。那时的男孩和女孩,日常的交际,往往只有目光交流,见面说上一句话,都觉得非常不安,以至于自己到了高中都不知道女孩子"每月有那么几天"是怎么回事。想想我们这代人的青春中期，不仅是我们，还有我们的父母，真是"傻傻分不清"。后来，长大了，我们也逐步到了青春期的尾巴。虽有"为民除害"，欲奋起到少林寺学习"少林拳"，也有赤脚追了几条街，一起看校花的趣事，但我们那代人青春期未见缺席的是，努力学习，一定"千军万马中过独木桥"，这样就可以"跳农门"了。所以，我们那个年代人的青春期，有莽撞、有糊涂、有幼稚，也有清醒，然而至少跳楼自杀、心理障碍这些名词，在我们青春期的记忆中，似乎没有出现。

今天，新一代的孩子们，遇到了改革开放以后的父母，也遇到了新的伟大时代的到来。看似他们比我们更有福气，但是，我们可以清楚地看到，他们的青春期可能并没有我们那时更快乐，甚至可能比我们那时有了更多烦恼。我们可以清楚地看到，引起他们这些烦恼的因素有很多。学习压力、父母的期望、媒体的影响、社会环境……但我们似乎没有能够弄明白，面对这些烦恼与困境，我们并不能独善其身，我们可能也是其中的始作俑者、制造者和参与者。那么，如何度过一个安全的、快乐的、美好的青春期，避免因青春期问题带来的不良后果，不仅仅是青少年们自己的事情，也是父母、教师和全社会的事情。

所以，为了祖国的未来们，我们至少得努力做好两件事情。一是理解青春期的特点及其重要性。二是明白怎样参与到青少年们的青春期教育中去。做一个懂科学，又讲道理的人。这也是我为什么要翻译这本书的原因。英国伊顿公学前校长托尼·利特与医生赫尔伯·艾特金的这本著作，从一名教育工作者和临床医生的角度，阐述了他们经验中的青春期及其问题的矫治。虽然中英两国国情有异，社会文化传统不同，但是其中对青春期中人的成长的特点,以及值得关注问题的认识与青春期教育具有十分有益的价值。在这里,我要特别感谢华东师范大学出版社彭呈军分社长、张艺捷老师的支持与帮助,也十分感谢华东师范大学附属台州学校的同事蔡黄影、项笑琴、陈梦露、朱新雨、黄丹英、潘心滢老师的参与与协助。由于本人水平有限,翻译中不精准的地方,还请广大读者朋友不吝批评指正。

邱超

2022 年 8 月 1 日

目　录

前言 1

简介 1

第 1 章　青春期：究竟是什么? 1

第 2 章　成人仪式 9

第 3 章　第一部分：什么是正常的? 23

第二部分：大脑的正常功能 45

第 4 章　养育及家庭生活 57

第 5 章　性 85

第 6 章　饮食 109

第 7 章　情绪波动 135

第 8 章　成瘾 163

第 9 章　屏幕少年 185

第 10 章　展望未来 217

致谢 225

前　言

托尼·利特

　　我自己的青春期和其他人的没什么两样。在麻木和热情、粗暴和外向、鲁莽的自信和不安全感的交替下，我有着典型的青少年所有的令人困惑的不确定性和白日梦。当我展望未来时，只有一件事是可以确定的：我决不会成为一名教师。

　　我家里几乎没有人接受过正规教育：上到中学六年级的人都没有，更不用说上大学了。如果你足够幸运，有机会接受良好的教育，那是通往更好生活的途径，可以像坐飞机一样不断上升，脱离不好的生活。成为一名教师完全不符合这个愿景。我的父亲14岁就辍学了，但是他说这是浪费了一个好机会。

　　和许多人一样，我是稀里糊涂开始教书的。事实上，我所认识的一些最好的老师，都是在经历了不确定的开始之后才发现了他们的职业的。而我，对我面前的矛盾越来越着迷：人既令人沮丧又令人着迷。我妻子是一位优秀的幼儿教师。而我教不了小孩子。不知怎么的，我对青少年的不确定性越发感兴趣。他们对身份认同的追求和对人际关系的理解，就像笼罩在我课堂上的迷雾。一开始我似乎总是要调整我的教学，以适应某个特定群体的新动态或个人问题。直到后来我才意识到这就是关键：这些东西应该是令人感到愉悦的东西。

后来我从教师到了领导岗位，不得不面对更大的局面。我遇到的很多人，父母和老师，都把青春期看成是一种失常，是一个人在公认的成熟生活开始之前，要尽最大努力度过的一段时期。直到那时，我才更加意识到青春期是一个多么令人兴奋的时期：这是一条充满风险和陷阱的道路，但同时也有着对体验新事物的奇妙渴望，以及一种鼓舞人心的开放心态。一位非常杰出的电视制片人告诉我，他的每一个新想法（后来都在国际上获得了成功）最初都被成年人视为疯狂的想法：只有15岁的孩子看到了这些想法的潜力。

在25年里，我连续担任了三所英国私立学校的校长。私立学校是享有特权的地方，尽管现在的学校比一些人想象的更加多样化。然而，青春期仍可能是一个棘手的时期，对那些似乎已经应有尽有的人来说亦如是。我与许多英国公立学校保持着密切的联系，也曾管理过世界各地的学校，从上海到堪培拉，从印度的农村到欧洲的城市。值得注意的是，在更发达的社会中，青少年问题往往表现得更突出（因为他们从很小的时候就开始忙于打工，所以没有多少时间给自己），但真正让我感到震惊的是，潜在的问题大体上都是相似的。青春期是人类社会的重要组成部分。

在我的教育生涯中，我是通过尝试运用一定程度的常识和一点人性来度过的。坦白来说，我一直怀疑我们当代对青少年的过度分析和医学化的迷恋，我想从真正的青少年心理和行为专家的视角发现更多，同时看看我是否遗漏了什么。

赫尔伯·艾特金

我从来没有设想过除了医学以外的职业，也有可能是受到我家人的忽悠。我在南非长大，所以体育是日常生活中必不可少的一部分。我非常享受体育运动，但我感觉自己并不出众。除此以外，我的青春期是传统而又平凡的。

在约翰内斯堡获得行医资格后，我又接受了儿科的培训，成为南非纳塔尔海岸一家半农村全科诊所的合伙人。我和家人在那里度过了幸福的几年。我在全科行医的经历清楚地告诉我，每天要处理的大部分病例都包括精神和心理问题。经过一番犹豫和讨论（我从来没有想过要专攻这个领域），我们搬到了约翰内斯堡，我在那里接受心理医生的培训。

毫无疑问，我的三个女儿使我对年轻人的问题越来越感兴趣。因此，我选择辞掉了成人医院里大学讲师和顾问这一令人满意的职位，搬到了英国。因为英国可以为我提供这一领域的适当培训。我被任命为一个新的青少年精神科的高级专业医师，并参加了皇家精神病学院的第一次考试。

在短暂地回到南非后，我又重新回到了布莱顿和英格兰东南部的长期顾问岗位上。当时，南非经济依然繁荣，而英国却深陷政治和财政困境。我们被称为有史以来第一个弃明投暗的案例！

尽管如此，我们还是喜欢生活在我们这一代人中很多人都已经认同的这个国家里：比格尔斯、威廉、伊妮德·布莱顿、板球、顶级足球，以及如此多的文化机会，即使是在最不好的境况中。

同样重要的是当时在儿童指导制度下为家庭和儿童提供服务的良好

方式。完整的治疗团队可以迅速反应,但问题远没有英国国家医疗服务体系(NHS)超负荷的儿童和青少年心理健康服务(CAMHS)那么广泛。由于资源不足、住院设施减少和基本专业人员招聘不足,转诊率直线上升。不能对紧急局势作出迅速反应导致了许多悲惨的结果。

不幸的是,在大约五年后我与妻子离了婚。这导致我不得不一边全职工作,一边独自抚养三个女儿。我一点都不推荐这种生活方式。我的第二任妻子简是我们家一位很有价值、很受宠爱和欣赏的新成员,现在我们家有九个孙子孙女。

简 介

在本书中，我们已经着手为一群人提供直接的信息和建议，甚至大概可以说是安慰。而这群人正是和那些处于人生重要阶段的青少年有所接触的人。这本书不是为了和问题青少年共事的专家而写的。我们俩都有自己的事业。作为精神病医生和校长，我们在青少年和他们家人身边打转，处于或"正常"或"困难"的环境。没有哪两种情况是完全一样的，性别、文化、伦理和社会差异不可避免地产生着影响。

对学术研究和其他文本的引用在本书中鲜有呈现，但无法避免的，本书中的几乎每件事不仅来源于我们自身的经历，还来自许多的研究者和作者。他们对于青春期，以及青春期对他们个人和周遭的影响有诸多的感言。它（青春期）是基本生活节奏的一部分，青少年应该在不同的阶段审视他们周围发生了什么——还有什么地方比在家里开始更好呢？这很少是一个理性且经过深思熟虑的过程：往往在这一过程中伴随着沮丧、愤怒，有时双方甚至还存有憎恨。

青春期是一个变化巨大的时期，这种变化以多种方式体现着。青春期男孩可能比其父亲高大强壮，抑或是受过更好的教育，甚至比家里的长辈们挣得更多。青春期可能是一个令人不安的时期，"想我当年"常常是大家第一反应想到的话，但鉴于社会瞬息万变，这往往也是无济于事的。我们每个人都是分阶段发展的,而这些阶段经常重叠,并受内外部影响不断变化。核心家庭、大家庭和整个社会的变化导致了身体、性、情感和智力的迅速发展。起点也很重要:不可避免的,青春期的发展很大程度上取决于童年经历,而童年经历为青春期的发展阶段奠定了基础。

我们诠释新体验并对之做出反应的方式在很大程度上可以归因于我们早年在家庭和其他地方所经历的事情。在本书中,我们着眼于青少年与同龄人的相处以及其与外界的关系在家庭和学校是如何发展的。许多发展理论家认为,要成长为一个连贯且得到社会认同的成年人,经历质疑和批判阶段是至关重要的。青少年要对成人世界及其功能的方方面面提出挑战。这就是所谓的"独立阶段",只能通过质疑和重新解释得以形成。叛逆是这一过程的一部分,因为青少年感受到与周围社会的冲突,而这主要是因为他们对于自己所看到和感觉到的事物并不确定。在此期间,青少年可以接受各种信息和替代的"真相",并且还可以被思想或哲学所控制,这些思想或哲学在之后的生活中不易被取代。他或她甚至可能形成偏见和仇恨,这些偏见和仇恨可能会变得根深蒂固,并受到后来与之交往的人(无论是街头帮派还是宗教团体)的滋养。安娜·弗洛伊德将这整个过程描述为"正常精神病"。

对于家庭而言,即使有时感觉像是失去一切,也不会失去一切。只要成年人做他们应该做的事——按照可靠的规则行事并当好旁观者的角色,那么总体上,年轻人就会感到安全。从长远来看,大多数人会成长为像父母那样的人——在文化、情感和哲学上,他们的行为都与其父母的行为相似。与此同时,他们希望将自己视为个人:独立自信的个人。

但是,现在有一个强大的新的复杂因素。早期的理论家,例如弗洛伊德、鲍尔比和埃里克森，他们的许多概念，都被我们所生活的快速发展的电子时代大大扭曲了。在许多孩子面前，电视、互联网和社交媒体经常扮演具有重大影响力的伪父母角色。甚至是那些经常被丢在电视机前的年幼的孩子也受到了深远的影响，而这远远早于社交媒体的影响。

在这个混乱的世界中，我们倾向于向专家求助。然而，早期不同流派的理论家并没有达成太多共识。除了这种混乱之外，其他所谓的专家还在书籍和文章中写了很多内容，表达了他们关于狭隘社会规范的个人观点和建议，而这些都基于他们先前的经验。今日，这些信息大多已过时：我们生活中的所有事物都以越来越快的速度在不断变化，随着即时电子信息、通信过载和未发现的隐私侵犯行为的到来，现在这些信息大多已经消失。

现在，尤其是随着神经科学的出现，我们知道的东西更多。曾有观念表明人的性格是在3—5岁之间形成的，这一观念现在被证明是错误的：我们的性格一生都在变化。我们知道，严格定义的青春期年龄参数已被证明是错误的：青春期持续的时间比我们想象的要长得多，一直到20多岁。我们知道，人一生的轨迹不是确定的，在这一进程中，万事万物都容易发生变化。最重要的是，我们知道青春期不是一个应尽快克服的烦人的时期，而且是一个创造力迸发的时期，创造力十分重要，应该予以培养和赞美。

不过，某些主题经受住了时间的考验。1908年，范·甘纳普创造了"成人仪式"一词，从而形成了20世纪许多研究的主题。其中心思想的重要性已得到明确定义。这一概念明确了从儿童到成人过渡的公开仪式在很大程度上已经被现代社会所抛弃，但纵观整个历史，其都是原始社会的重要组成部分。最近的一些研究指出，这些仪式的缺失是造成暴力、犯罪和毒品滥用的一个因素。换一种方式来看看，我们发现这些仪式表现出了新的特点。例如，街头帮派和昂贵的男子寄宿学校学生群体之间有很大的相似性：尽管这两个群体的行为可能有很大差异，但两个群体内部都建立了一种强烈而积极的支持性的文化，产生了尊重和爱戴，就像一家人一样。这种群体文化正在蔓延到女孩的生活中。

作为社会的一部分，我们将青少年的年龄而不是他们是否足够成熟或者是否能够很好地生存下去作为他们成长的标志，这种看法给青少年带来了更大的压力。投票、开车、参军都是年轻人认为自己已经长大的转变，就像结婚、为人父母和拥有一处房产等转变时刻一样。生理年龄和心理年龄的发育速度经常是不匹配的。

社会变迁进一步加剧了在青春的泥泞中寻求方向的渴望。例如，千禧一代的学习时间更长，安顿下来的时间更晚，对家庭的依赖时间更长，离家的时间也比前几代人晚。通往成年的道路可能漫长而曲折，然而青春期是所有儿童在相似的时间点都会发生的生理过程。受到营养、体重和外部因素的影响，青春期也是伴随社会发展不断进化的过程。

青春期是一件棘手的事情：它是人类经验的重要组成部分，但是它可以以不同的方式影响每个人。作为精神病医生和学校负责人，我们对于人类发展的这一神奇时期的共同着迷引发了许多对话。

可以说，一个正常的青少年只是一个尚待充分挖掘的人。

这正是我们想要做的事情。

第 1 章

青春期：究竟是什么？

青春期不是不治之症。我们每个人都经历了这一过程，但这绝不能确保我们能很好地了解其他任何人的经历（包括我们自己的孩子），更不用说目前正在经历或即将经历青春期的人了。

首先是青春期的定义。青春期是童年与成年之间的桥梁，长度不一，充满了各种可能性、危险、享乐、欢愉，尤其是探究发现的兴奋。麻烦在于"青春期"对于各种解释的接受性都很高。每个人都会经历青春期，但他们自己的体验与他们的父母、家人、老师、同伴群体或与他们所接触的其他人的感受截然不同。这是一个可变的过程，在这个过程中，无论相关的年轻人是否愿意，他们都必须学会与父母和家人分离（反之亦然），并以适合自己性格的方式生活。但是个性本身会受到方方面面的影响，可能是同龄人、偶像、互联网、遗传学……这是一个长长的清单。但是，固执的父母可能会拒绝承认这一点，家庭之外以及学校等其他安全设施的影响非常重要，孩子们必须应对它们。

我们所有人面临的挑战之一是青春期几乎没有固定的时间点——这也是专家世界对此有不同解释的原因之一。然而，最重要的是，孩子和父母之间的根本决裂，以及迈向真正独立或独立生活方式的第一步。青少年的质疑是一种健康的发展，尽管它的形式是十分多样化的。年轻人需要尝试各种行为和态度。当这发生在他们自己家这样相对安全的环境时，父母可以分享经验，可以在有孩子在场的情况下进行分析，也可以在孩子不在场的情况下分析,这也许可以帮助扭转一开始似乎不可避免的发展路径。如果青少年能够承担一些共同的家庭价值观,那么他或她最终将成为一个具有更强自尊心的、更强适应力的个体,并更有能力以充满自信的成年人身份进入世界。父母不应该允许他人贬低、侮辱家庭价值观。但同时,如果青少年审视某些家庭价值观,并发现其有些不足之处,这是没错的。

青少年这种审视有的时候会很痛苦,但是有一点应当成为共识,那就是所有人都有其局限性。就像老师必须学会认识到某些学生比他们更聪明一样,父母也必须接受青少年的观点是有效的。家长和老师需要"长远考虑"。父母认为,家庭价值观是他们过上良好生活的核心,但这些价值观不一定会被青少年全盘接受,但他们可能会在一段时期内(也许是在离开家的很长一段时间后)被灌输这些价值观。然而青少年和他们的家人都必须接受某些价值观是从同伴关系和其他方面获得的。这些价值观与以下内容相关:考虑他人、具有同情心、同理心和一种意识——即人们仍能在不知不觉中学习。细微且多方面地回应他人对于青少年的未来发展是至关重要的。

他们还要学会并非每个人都会以他们自己的方式思考;以及犯错是很常见的,尤其是当将个人观点投射到其他人身上时,为什么他人的反应会与预期相反。见证这个有时是曲折的觉醒过程可能会令人沮丧,这对父母来说是一个真正的挑战。他们的孩子也可能饱受折磨。

青春期通常与青少年相关。实际上,青春期是一场动人的盛宴,可能在13岁之前开始,并且会延伸到十几岁以后,尤其是男孩;女孩更早熟一些。最近的一项研究表明男性青春期一直到28岁才结束。谈到冒险时,认识到20多岁的男性仍处于"青春期"可能有助于解释有关年轻成年人的

　　　　　　　　　　　　对话青春期:父母、教师和青少年生存手册

行为，从稚气的行为到真正进入社会。

　　大脑发育的相关研究使我们能够了解额叶在情绪发展中的重要性，以及围绕伦理道德的有效控制和决策制定上的重要性。这些研究表明此过程至少可以运行十年。在大多数情况下，建立良好的圈子是因为获得技能和就业会产生自我价值和自尊，这反过来又标志着实现平衡独立的道路。好的方法可以指导人们前进的道路：例如，西方的"童子军和向导"与俄罗斯的"少先队"都提供了一个过渡过程，使年轻人能够接受和理解责任感、同情心以及社会行为，包括利他主义。一些宗教节目，如洗礼、坚信礼和成人礼，已经发挥并将继续发挥关键作用。美国过渡仪式权益组织（Rights of Passage Experience，Rope）的宗旨就是与年轻人接触，以帮助他们了解健康的决定对于两性关系的重要性，无论是在工作中，还是在娱乐中。

谁会受到影响？

　　托尼：赫尔伯，根据您的专业经验，谁会受到影响？

　　赫尔伯：我们都会。无论我们自己是否正在经历青春期，无论是作为个人还是作为社会团体（尤其是家庭）的一部分，这都是我们所有人的经历。

　　托尼：我们知道，即使是同卵双胞胎的青春期经历也是不一样的。那么，面对这种如此多样化且复杂的事情，我们怎能希望采取一种统一的方法呢？任何人都可以成为正常人，这似乎非常令人惊讶。考虑到这些年来我所面对的年轻人的范围之广，我们有没有可能把这样的事情（青春期）说成是正常的呢？

赫尔伯：青春期肯定很复杂，但是在一个变化速度惊人的社会中，它比以往任何时候都更具挑战性。的确，令人惊讶的是，任何人最终都会变得相对正常。

托尼：所以您是说青春期没有"正常"之类的东西？

赫尔伯：对"正常"的理解可以是广义的，它涉及年轻人的成长和发展的各个方面，但这是主观且不精确的。

托尼：那您将怎么描述青春期的广义正常现象？

赫尔伯：青春期已经改变并且以惊人的速度持续发展，反映了我们周围生活中更广泛的变化。共同的主题在于青春期是一种个人经历，父母必须学会接受他们的孩子不一定会按照他们的行为方式（或更可能是他们想象的那样）行事。

托尼：那真的发生了什么变化呢？人类的状况是恒定的吗？

赫尔伯：说到青春期的学术讨论，这似乎并没有真正改变任何东西。但这与事实相去甚远，因为现代家庭和儿童周围都充满着各种因素。随着我们进入由人工智能驱动的快速发展的时代，青少年所面临的经验和可能性将与父母所经历的完全不同。

托尼：所以对青春期的了解比以往任何时候都重要？

赫尔伯：毫无疑问，尤其是现在，作为安慰者、告密者和潜在的破坏者，小小的屏幕是如此强大且看似不可阻挡的力量。这是一件上了膛的武器，对朋友和敌人都适用。

托尼：我发现另一个方面有着潜在的危害。太多的年轻人没有被教导或被允许冒险，去学习如何保障自己的安全并为自己解决问题。"魔术贴父母"所带来的伤害可能和沉溺于屏幕一样多。学校可能使问题更加复杂：诉讼对各种事物的威胁越来越大，可能导致整个学校处处选择规避风险。尽管这很难做到，但我们仍然需要取得平衡。

赫尔伯：失衡是问题所在。无论孩子是被学校或父母溺爱还是忽视，都存在角色的模糊化，尤其是对于权威和道德的回应。而这可能导致绝望、无助和不幸的感觉——有些年轻人会有这三种感觉，而其他人则几乎没有。如果年轻人深刻地感受到这些，就会出现麻烦。

托尼：对于父母来说，复杂的事情在于青春期不只是在特定的时间突然开始，而且男孩与女孩也是不同的。许多因素都会对青春期的发展方式产生重大影响：遗传、兄弟姐妹、幼儿园和中小学的经历等。所有这些因素都为长期生活的方式奠定了基础，其中许多因素出现在青春期。青春期是我们生命中最关键的阶段之一。

第 2 章

成人仪式

数百年来,年轻人行为的善变一直被视为叛逆。的确,古代似乎充斥着年轻人的失败。一个约有 3 000 年历史的巴比伦陶罐,哀叹着年轻人的堕落,不似往昔。亚里士多德在《修辞学》中讲述了青年人的善变和不可预测的本质:他们冲动、易躁但富有激情,几乎无法延迟满足或容忍批评。这些具有历史意义的参考文献来自完善的文明社会。也许苏格拉底是他们的发言人:"我们现在的青年爱奢侈。他们不礼貌,蔑视权威。他们不尊敬长辈而且爱喋喋不休;当长辈进入他们的房间时,他们不再起身;他们顶撞他们的父母,在聚会时喋喋不休,霸占他们的食物并欺压他们的老师。"有人可能会说,"万变不离其宗"。

在更原始的社会中,生命更加短暂,生活更加困难。要给孩子一个特殊的、加长的时间来成长和学习各种事物变得不那么容易。在一个有约束的社会中,一个没有社交需求的阶段,我们称之为青春期。在这样的社会中,年轻人受到特定的训练,终生发挥相同的功能。尽管如此,这个特殊时期还是得到了认可。在 11 世纪初期,盎格鲁-撒克逊僧侣伯特菲斯编写了一部手册,上面记载了科学知识。其中的中心信念是元素和季节对应着人类中的不同阶段。因此,显示春—夏—秋—冬的同一图表也对应着童年(Pueritia)、青春期(Adolecentia)、青年(Juuentus)和老年(Senectus)。

然而,在充满机遇、变化和多样性的世界中,青春期至关重要。在这个时期,年轻人会遇到很多机会。这也是他们能够在复杂成人世界中前行的一种途径。从这个意义上讲,青春期是文明的文化现象。

但是即使是这样的定义,也有可能过于简单。一个社会中可能存在一些亚文化,它们试图预设年轻人的生活经历。在这种情况下,青春期就可以被看作是一个自我放纵的阶段。这会给年轻人的成长带来压力。青春期应该是一件健康的好事。如果受到压制,可能会给青少年和成年人造成麻烦。但是,在大多数社会中以及在许多历史阶段,青春期都被视为一种社会畸变。社会已经尽快地对年轻人提出了要求。在过去,在敌对环境中的生存只允许两个群体的存在:成年人和儿童;没有中间地带。然而,在大多数社会中,都有一个互相联系的线索:对通过仪式的信仰。

成人仪式

托尼:从一个群体到另一个群体,从童年到成年,通常以某种形式的正式过程为标志。"成人礼"一词在西方的语言和文学中已经很完善,即使有时以细微或讽刺的方式出现。在世界其他地方,这种仪式实施起来似乎更为直接。

赫尔伯:当然,这不是一个新词。事实上,它已经存在了一个多世纪。在更原始的社会中,该词被社会人类学家广泛研究。例如,传统的非洲的成人仪式确实非常简单:关键的里程碑包括出生、成年(大约在 12 或 13 岁左右)、结婚、长辈和祖先。青春期没有什么与众不同之处。作为一种社会发展而非身体状态,它的处理方式有所不同。

托尼:从土著人行道、马赛狮子狩猎和在野外禁食的美洲原住民,到割礼、纹身、削尖的牙齿和划痕等,世界各地的部落和社区都建立了清晰易懂

对话青春期:父母、教师和青少年生存手册

的成人仪式。我记得您曾告诉我，在巴布亚新几内亚，最极端的情况是：萨满人的净化文化要求男孩从 7 岁起就离开家 10 年。为了成为男人，他们要参与流鼻血，被催吐甚至是摄入精液一类的事。所有这些听起来都非常奇怪：我不知道在西方，我们是升华了这些与生俱来的原始人类的本能，还是仅仅反映了不同社会的不同需求。

赫尔伯： 如果从整体上看待这些仪式，往往都会发现一个非常合乎逻辑的过程：分离、指导、过渡，最后是欢迎回到社区。大多数原始社会的成人仪式都非常明确。在那些仍在践行成人仪式的社会中，年轻人的生活比西方人要容易得多。西方文化是一场千变万化的盛宴：我们对生活的看法与 30 年前的已然大不相同，更不用说一百年前了。

当谈到定义明确的仪式时，原始社会中的年轻人知道该期待什么，何时该期待以及如何践行所学的知识。在传统的部落社区中，他们要经历一些启蒙过程和仪式。这些过程和仪式的重点是如何成为令人满意的成年人。他们需要了解规则、规定和普遍的道德规范，包括对性行为的期望。仪式在特定的时期举行，是为了男孩和女孩举办的。

托尼： 这样做会消除不切实际的期待，他们可以循规蹈矩，而这种不切实际的期待在发达社会十分明显。这听上去很美妙，但是这种墨守成规的做法有时可能是惩罚性的。因此，仪式并非始终是造福于人的力量。例如，女性生殖器的残割，无论是在情感上还是在身体上，都会对个人造成很大的伤害，而且这种危害仍在继续。跟给牛羊打上烙印似乎不同，这是一种墨守成规的行为，是为了将年轻人标记为属于特定所有者或部落。

赫尔伯： 是的，但是在西方，如果你愿意的话，也可以不循规蹈矩，或者说西方缺乏明确的仪式，这样年轻人会更加强烈地感受到青春期的影响。

年轻人更有可能以自己的方式做事。我们看到男孩和女孩通过不断施暴和进行破坏来彰显他们的成熟。滋事青年通过纹身或洞眼、穿着的衣服、讲话的方式以及为了"归属"而采取的行动来证明自己。仪式启动有多种形式。在最极端的情况下，我们会在伦敦和芝加哥等大城市的街道上看到成人仪式，其中涉及对无辜受害者使用刀枪，以证明他们的力量和对组织的忠诚。当然，毒品也将不可避免地占有一席之地。

托尼：但这表明这种行为是针对青少年的。通过视觉图像表达归属感或属于一个群体的渴望不仅仅是青春期现象。

赫尔伯：对，所有年龄段的人都可以通过身体上的表现来认同一位受人敬仰的名人或表明自己选择某种有趣的生活方式。但是，在青春期，这种体验更加激烈。对于贝克汉姆/比伯的纹身时尚，大家可谓是有目共睹。其实在不久之前，纹身仅适用于航海家和水手，但现在对于某些青少年来说，能故意显示纹身成为最重要的事。无论如何，时尚之轮都会不停转动，去除纹身将成为有利可图的整容手术副业。

托尼：令我震惊的不是这些极端行为，而是现代性对古代仪式的影响，这意味着几乎没有捷径可以迈入成年。因此，代际存在一种错位，人们更难确定以前发生的事情。这会导致冲突，也会带来这样的风险——即当代社会中的个人永远无法很好地融合在一起，永远无法安定下来，没有文化身份或真正的归属感。无论如何，它们的归属性并不明显。

赫尔伯：说当代社会没有正式的、明确的成人仪式并不准确，其实它们更偏向于宗教信仰。更有趣的是世俗仪式的急剧减少。男孩的成长迹象（如毛发增长和青春期的其他身体表现）往往不宜庆祝，这与女孩的乳房发育和月经初潮这些首先出现的迹象不同。这些已成为个人事务，而不是公共或文化事务。这是一个很好的例子，说明了我们如何通过不同的验证想法和不同的观察方式将我们自己分为多个小组。西方世界始终有一个核心思想——即个人是特殊且独特的。

托尼：作为一名老师，我相信应该大力鼓励年轻人相信自己可以塑造自己的命运，但这只是更大文化图景中的一部分。西方世界令人困扰的问题之一是雄心壮志和个人目标高于一切。独特而个性化的旅程就像花言巧语一样，但我已经看到了它对年轻人的副作用。我曾经遇到一个口齿伶俐的 12 岁男孩，他家庭贫困。他一直在谈论自己的"旅程"，并提出了令人惊讶的职业发展轨迹。显而易见地，他对其他任何话题都无话可说，以及关于这一旅程将如何实际发生的宝贵细节也很少。他只被告知，如果你够相信自己的梦想，并且经常大声说出自己的梦想，那么梦想就会成真。这个可怜的男孩被成年人带入了死胡同。不允许真实的自我出现。他最后的成功是写了一部名为《我的旅程》的商业自传。后来，在讨论到学生时，我不允许大家再使用"旅程"一词了！

赫尔伯：您所描述的是更大问题的一部分。为了获得过多的物质财富或特殊的身材的动力是一套双曲线模型，是任何人都无法掌握的。这是一种注定会让个体对自身产生不满的方式。在部落社区中，女孩将被带到初级班，并被教授其社区认为对他们而言至关重要的知识，这与家庭组织有关。她们将带着强烈的认同感和归属感回到团队中：对自己是适应社会的成年人而感到好。男孩也是如此。他们都以孩子的身份离开家，以成人的身份返回。在现代西方人看来，这个过程似乎是极其有限的：没有人可以看见未来，但这会令人觉得明确和舒适。

托尼：公认的是，有三个因素会极大地影响我们的心理发展：我们自己头脑中发生的事情,我们周围环境中发生的事情以及整个社会中发生的事情。对于在校青年,他们觉得其他人认为具有重要意义的东西,往往比事实或证据更重要。任何通过仪式的直觉都被感知的漩涡淹没了。

赫尔伯:确实是这样。青少年经常会对自己有非黑即白的看法:例如,"我觉得自己很丑""我觉得我很害羞""我觉得我没有魅力"等。但成年人和他们的同龄人可能会有完全不同的看法。他们觉得这个人很有吸引力,很外向,是一个很好的伴侣。这种扭曲在被称为"恃强凌弱"的关系中尤其明显。我发现青少年通常会诉诸简单的行为描述:"其他人总是找我麻烦""我是在自卫"。要想在欺凌中幸存下来,往往需要与一个强大的、但却令人讨厌的、受到所有人钦佩的人交往。令人惊讶的是,通常被称为认同攻击者的行为其实是为了加入一个群体或依附于一个人,以便被认为是群体中的一员,甚至在某种程度上帮助攻击者,这样你自己就不会成为受害者。

托尼:这种人类对归属感的基本需求渗透在各个年龄段,但在12—15岁的青少年中,这种需求几乎超越了其他一切,似乎最为强烈和发自内心。它在学校里引发了许多的行为。

赫尔伯:一个13岁的男孩来找我,当时他的状态很糟糕。他不停地颤抖和哭泣。在他的宿舍里,有三个比他大的男孩决定戏弄他,他们撕掉了他的作品,把他的房间弄得乱七八糟,还把他的东西藏了起来。这个男孩在学校里已经适应得很好了,直到这次伤害开始。几天后,宿舍里的一名工作人员又在无意中听到了这三个人的计划,他们认为这是针对小男孩的另一个恶作剧。我请副校长转告他们,请他们周末回家的时候考虑一下他们是否想留在学校。这就是事情发生的过程。特别有趣的是家长们的反应。其中有一位家长是法警。他无法忍受"区区一个治疗师"就能让学校开除他的儿子，另一位家长也加入了他的行列，表示很气愤。然而，其他家长则一致认为这正是这三个男孩们所需要的。

托尼：你是怎么对付那个咄咄逼人的法警的？

赫尔伯：我用印有专业抬头的信纸写了一封长信，解释了我所做的事情以及我这样做的原因。我补充道，要是能见见他我会感到很高兴。后来没有得到回音。

托尼：男孩们回来后发生了什么？

赫尔伯：我和他们开了一个小组会议，我们讨论了欺凌行为，以及为什么他们的行为——即制造痛苦并被别人认为是这样的人是不好的。结果，大约一年以后，一个小男孩成了被欺凌的小男孩最好的朋友。侵犯者和受害者后来能形成一种牢固的关系，这并不奇怪，这应该给父母和年轻人带来希望。换句话说，这些恃强凌弱的情况，在当时看起来很可怕，但这并不是世界末日。它们可能不完全是一种成人仪式，但它们是在成长过程中必须解决的事情。这件事很有帮助，事件的消息传遍了学校，所以很多学生意识到长时间的欺凌会导致学校采取行动。作为一名校长，你一定见过很多这样的案例。

托尼：是的，很多。每当有人听到校长说他们学校里没有霸凌现象时，我总是感到很惊讶。我想知道他们是否真正看过眼前的一切。每个社区都存在着某种形式的欺凌，就这么简单。问题是如何处理它。

赫尔伯：在我看来，重要的是要开诚布公，并开展有建设性的对话。

托尼：正如你所发现的，尖锐的、甚至是有侵蚀性的关系可以变得积极并提高生活质量。这听起来可能有点奇怪，但欺凌可以带来真正的学习和更坚固的关系，至少有一些仪式的一部分是关于欺凌的。

你说要把对手团结起来。我在很多场合看到过这种情况，我自己也发起过类似的会议。事实上，把一群相互欺凌的青少年聚集在一起，坐下来讨论整个经历，这已被证明是有益的。我记得有一群非常离经叛道的14岁少年后来都成了非常好的朋友，他们还一起去度假。共同经历欺凌及其后果似乎让他们走得更近了。最终成功的关键是，学校明确表示，欺凌者的行为是不被允许的，并将对其实施制裁，然后坚持与有经验的成年人进行有组织的会议。这并不是一个快速的转变。事实上，这耗费了数月的时间。但是这其中的心理学原理令人着迷。

赫尔伯：这是一件双管齐下的事情。第一个也是更重要的元素，很简单，"我们在观察你，以及你在做什么"。第二是让年轻人有同理心：站在受害者的角度，感受他们对他人所做的事情的后果。

托尼：所以互相学习的过程是解决青春期所面临的一些困难的关键。然而，让我印象深刻的是，很多学校并不这么看，而是采取一种"零容忍"政策，这是一种捷径。这可能会让学校的日子好过一些，但这本身就相当于一种欺凌。学校很容易就会躲在协议后面，采取法律批准的安全措施。作为一名校长，在许多场合律师建议我，如果一个孩子有犯罪的大麻烦，我就不应该对他们提供任何主动的帮助：法律的观点似乎是，如果他或她是糟糕到无可救药，那么学校不应该蹚这趟浑水。在我看来，这从根本上说是错误的。在某些情况下，学校可能会受到影响，但在大多数情况下，只要与家庭进行交谈，就可以取得真正的进展，而且这值得冒法律风险。被学校开除并不意味着没有未来，更重要的是年轻人长期的健康发展，比如孩子可能需要换学校。个体能得到学习和成长，这才是一种成人仪式。

赫尔伯：这对父母来说应该是个好消息！确实应该向所有人提供良好的心理健康支持和指导。

托尼：我想知道"青春期"这个词是否有可能成为各种不同阶段的总称。一般来说，青春期是指前青春期、青春期早期、青春期中期和青春期晚期。这些定义需要梳理，因为它们涉及不同类型的经验。

赫尔伯：我们必须认识到青春期和发育期会呈现的现象。现在的一些女孩月经开始和乳房发育的时间比她们的母亲和祖母早得多——证据表明这是营养更好和体重增加的结果。在某种程度上，这种情况也会发生在男孩身上，他们会提前变声，甚至一些乳房发育也会更早。

不论男女，易怒是常态，不是例外，且向来如此。在很大程度上，前青春期和青春期是重叠的。青春期中期，也就是 15 岁到 19 岁之间，被定义为学校里最关键的时期，已经成为一个越来越主观的区分：其实我们现在看到青春期一直持续到 20 多岁。越来越多的年轻人在自己的年龄段会去上大学，而有些人则会去做学徒或直接去工作，有趣的是这两者的区别。同龄人对后者的支持可能较少，但后者从成熟的成年人那里接受了大量的培训，而且他们也认同这些成年人。这是一个"入乡随俗"的例子。

托尼：有一种很好的观点认为，有组织的学徒制提供了一种比松散制度更有效的成人仪式。传统上，青春期被描述为你刚刚列举的四个阶段。但当青春期的过程有如此多的重叠和加速时，传统的锚点已经改变了，我想知道这在今天是否有价值。

赫尔伯：是的，这是一种持续的转变，不是个人经历的改变，而是外部力量的改变，尤其是社交媒体，对年轻人的影响是越来越大的。

托尼：所以我们似乎是在说，青春期在 9 岁左右逐渐出现，在 20 多岁的时候逐渐进入完全的成年期。

赫尔伯：可能是这样。与其徒劳无功地设定界限，不如把它看成是从青春期开始或在青春期前后开始，一直持续到人们差不多走上他们可能终生坚持的道路。

托尼：划清界限的部分困难在于，无论是在现实世界还是虚拟世界，即使是非常小的孩子也会模仿成人的行为。这种模仿肯定对他们的发育有影响。

赫尔伯：我曾见过我自己七八岁的孙子们发展或模仿成人的特征——例如，即使是一个年轻的女孩，也会被化妆品、时尚和身材所吸引，这是由于电视、广告和同龄人大力宣传形象的结果。父母很难阻止你的孩子做他们班上大多数孩子正在做的事情；当他们正在适应周围发生的事情时，试着以你的准则重塑他们的经历会更好。我要强调的是，这一切的变化有多么迅速，这对成年人来说就有多么可怕。

托尼：通过强调所有这些变化和复杂性，我们也许把青春期描绘得太暗淡了。从本质上说，青春期是一个必经之路，因为它意味着继续前行。

赫尔伯：从某种意义上说，这是很清楚的。青少年是这样一群年轻人，他们去上学，接受教育，吸收家庭观念，沿着宗教和社会路线发展思想，开始形成一种连贯的个人意识。最后，就是脱离家庭的过程。

托尼：但是"家庭"可以有很多种定义。有许多类型的家庭和伪家庭——例如我们在学校创建的分组。

赫尔伯：在过去，大家庭一直是成长中非常重要的一部分。姑姑、叔叔、年长的堂兄弟和兄弟姐妹们都会影响年轻人如何说话、走路和穿着。在某种程度上这个大家庭弱化了来自家庭和学校的控制。但是，社会流动使得传统的大家庭的维系越来越困难。对许多年轻人来说,它驱散甚至完全摧毁了整个人际关系网络和榜样。因此,他们的关注点转向了小家庭里的直系亲属。结果,我们可以说,这导致学校里的关系变得更加重要。

托尼:大多数老师都知道这一点。教育全人一直是英国学校传统的一个信条,但学校解决社会问题的压力显著增加。你得承认今天年轻人生活中的某些时刻,确实可以提供某种成人仪式。但过去和当代社会确定性的主要区别,似乎是缺乏所谓的"标准化",或者至少是衡量标准。我们不是豆荚里的一粒豌豆,但现在似乎根本就没有豆荚了!

赫尔伯:说到钱,那当然没错。金钱几乎在我们所做的每一件事中都扮演着一个角色,对许多人来说,社会地位取决于净资产和财富。我们如何确立这个位置就不可避免地围绕着我们改变的程度,或在我们生活中一些仪式或角色的变化。我可以继续谈论时尚、化妆、节食、整形手术——以及一大堆被认为改变我们的角色,并让个人变得更好的事情。也许,这就是我们当代的成人仪式。如今,消费和名气已经成为了社会宝藏,许多经常在身边看到这些东西的年轻人都渴望成为名人。

然而,连续性在于,青春期一直是关于身份认同和进入连贯的成人生活的过程。

托尼:那么,我们能对父母们说些什么呢?如何有建设性地、有意义地引导年轻人在成人仪式中根深蒂固的人类冲动呢?

赫尔伯:我们需要认识到,我们一生中发生的许多重要转变,在很多方面与许多年前并没有太大区别:第一个女友或男友、成年派对、开始工作、开始学徒或继续深造、毕业。所有的时刻都是值得抓住和庆祝的。为了健康的心理发展,每个阶段都应该被很好地规划出来。

托尼：这就是为什么学校生活的仪式如此重要的原因。从上学的第一天，穿制服——彰显着归属感，日常的集会和课程，到演讲日，团队选拔，年度迪斯科，甚至考试，当然，还有离校。没有仪式，学校就像一个繁忙的铁路大厅：无尽的喧闹，每个人都朝着自己的方向前进——没有联系，没有社区感。

赫尔伯：仪式奠定了基础。它们标志着各个阶段的责任：从正规教育到第一份工作；永久的承诺，比如婚姻、孩子、孙子甚至退休；然后是死亡，我们应该像其他阶段一样热烈庆祝。

托尼：所以健康的青春期是为死亡做准备。

赫尔伯：虽然听起来很奇怪，但确实如此。

第 3 章

第一部分：什么是正常的？

大熔炉：构成我们的五种元素

托尼：纵观历史，人类一直习惯于将经验分成不同的组别，以使其更有意义。作为一名精神科医生，请你谈一谈生活中的五种元素。

赫尔伯：我用了很多不同的标题来分类我们的心理发展：家庭、朋友、未来、学校和性，没有特定的顺序，因为这些都可能出现问题，彼此之间有很多重叠。它们共同构成了心理上的自我：它们造就了我们。不可避免地，在所有的发展阶段，每一个都或多或少地影响着其他的。不出所料，成长的身体因素——身高、体重、外貌、个性等——都是发育过程中必不可少的一部分。当我们遇到某人时，我们会有意识或无意识地立即做出判断——第一印象真的很重要！这完全是正常的，我们不能排除外表的重要性，对治疗师或精神病学家来说，内在的自我是更重要的评估对象。

家庭

托尼：你的第一个标题是家庭。即使是和最相爱的人在一起，家庭生活也可能是战场，但这是学习如何发展健康关系的必要条件。

赫尔伯：家庭生活发生了很多事。在这里，许多可能被归为其他标题的问题浮出了水面——诸如贫困、身体疾病、家庭等级、父母问题（无论是经济上还是情感上)、领养、接受朋友等。其中一个关键问题是吃。在青春期,饮食习惯通常是健康发展的一个很好的晴雨表:"何时""何地""吃什么"和"如果有的话"。

托尼:但是家庭生活远不是影响儿童和青少年成长的唯一因素吧?

赫尔伯:从出生到青春期开始,未来的基石正在形成。但我们不能假定这种形成只发生在家庭内部,或者发生在朋友之间和学校。有许多意想不到的外部力量不断地轰炸着发育中的孩子,会形成和重新决定最终的结果。在我们的一生中,这些影响会不断改变着我们:没有什么是固定不变的。

托尼:有时人们说所有的家庭都不正常;健康幸福的家庭只是一种幻想。

赫尔伯:我怀疑没有一个家庭在所有阶段都没有任何问题。就像我们在医学院常说的那样,它会是"非常罕见的"! 所有的家庭都有困难,我们必须克服困难,继续下去。尽管有时可怕的情况会发生,但要永远记住爱和关心,爱和关心是治愈良药。提醒自己"一切都会过去的"是件好事。

托尼:不幸的是,这也适用于好的时候,但那也是生活的一部分。我们需要弄清楚"家庭"这个词的含义。多年来,理想"核心家庭"的典型——母亲、父亲、平均 2.4 个孩子和一个稳定的大家庭,一直扎根在公众的想象中。但在我们的现代社会中却存在着如此多的分散性和流动性。例如,大家庭网络中的表亲甚至兄妹,在一个年轻人的生活中,几乎不大可能发挥什么作用。这与最近的历史有很大的不同。我们也知道有很多不同的家庭组合——比如同性父母——也可以很好地运转。在一个快速变化的社会里,我想知道一个孩子是否同时拥有母亲和父亲到底有多重要。

赫尔伯：在 21 世纪，这是一个非常好的问题。毫无疑问，普通的核心家庭仍然被视为一种常态，一种默认的立场，但这种常态的基础已经发生了显著的变化，而且这一变化是持续性的。有很多孩子没有和亲生父母都住在一起。我得说，我遇到过一些单亲父母，无论男女，他们都创造了非常好的家庭，为孩子提供了良好的基础，让他们在充满爱心的环境中以卓有成效的方式发展（无论怎么衡量都是如此）。事实上，我接触过的一些最成功的孩子都是由不同类型的父母角色抚养长大的——例如，母亲和女友，或者父亲和男友。他们不是那种需要专业帮助的父母。我们已经知道，以不同方式组成的家庭确实可以很好地运作。

托尼：作为一名教师，很多情况下，我面对的都是有困难的孩子。直到我遇到了孩子的家长，我才真正明白为什么会出现问题。例如，一个 15 岁的粗鲁的校园恶霸少年，他的父亲是一个更粗鲁的恶霸。换句话说，父母的缺陷在孩子的经历中被放大了。很明显，榜样在家庭生活中很重要。我与许多家庭打过交道，那些面临着很大困难却树立了一流榜样的父母深深打动了我。这似乎毫无道理可言。谁知道是什么让家庭运转良好？

赫尔伯：没有简单的答案。当我们看到和感觉到问题时，我们倾向于识别问题。"有其父必有其子"这句话听起来很有道理，但并不总是对的。潜意识反应的形成是非常有趣的——"我喜欢/不喜欢我正在经历的事情""年轻人会模仿或拒绝成年人的行为，并采取相应的行动"。所以，举个例子来说，一个孩子可能会对她所认为的极其重要的父母榜样做出反应。

虽然规则和条例需要满足家庭的期望，但是规则和条例的概念应该是灵活的，同时应该是具有适应性的。这些可能包括正常的工作时间，协助做家务的规则，甚至可能是签署一份同意接受家庭价值观和规则的合同。

"正常"是一个宽泛的概念，很难定义。过去，一个正常的家庭应该是人人照章办事、从不出差错的家庭。但这只是童话故事里的东西。

托尼：在《安娜·卡列尼娜》中，托尔斯泰写道："幸福的家庭都是相似的；不幸的家庭各有各的不幸。"他说得对吗？

赫尔伯：托尔斯泰写的是一种不同的文化、不同的地点和不同的时间，他只对两种类型的家庭进行了两极分化。这东西顺口说说很容易，但实际远不止于此。

托尼：那是托尔斯泰的处理方式！让我们回到我们自己的时代！当然，非常规的家庭可以过着完全满足的生活，同样，幸福或不幸福的家庭都不能垄断其子女的未来。在很多情况下，挑剔的、好斗的、完全令人讨厌的青少年的父母都是出于好意，并且他们尽了最大的努力。尽管如此，仍有一些家长明显搞错了，或者至少没有能力与孩子建立健康的关系。有一些父母在我的书房里沮丧而尴尬地哭泣，无法理解他们的孩子为什么要这样做。

赫尔伯：如果认为我们的孩子现在所面对的世界和我们在那个年龄所面对的世界完全一样，那就太异想天开了，更不用说在托尔斯泰的时代了。例如，令人惊讶的是，最近的研究表明在西方，吸烟、饮酒和青少年怀孕的发生率实际上正在下降，而不久前人们还认为这一数字上升到了令人无法接受的水平。原因可能很难确定，但社交媒体对年轻人生活的影响不能被夸大。如今，几乎所有的观点、想法、功能，甚至教育，都来自互联网和社交媒体，或者说至少受到了它们的影响。

托尼：显然，互联网和社交媒体对我们的行为和人际关系产生了翻天覆地的影响。通过影响家庭成员间的联系方式，它们也对家庭生活产生了间接的影响。我听说甚至有父母和孩子在家里仍通过短信交流，甚至在同一张桌子上！有时候发短信是为了避免眼神交流，尤其是在发生争执之后！

赫尔伯：最显著的变化之一就是我们的饮食方式，无论是一起吃、单独吃，还是在一个家庭里集体吃。人们常说一家人一起吃饭，一起生活，一起繁荣。但在 21 世纪，这显然不会发生在所有家庭中。

托尼：食物是一个值得用一章单独讨论的问题。我发现，家庭如何对待食物是家庭关系的一个风向标。但关于什么是可以接受的，人们的期望值在不断变化。许多老式的礼貌，比如在公共汽车上给老人让座，在很大程度上已经消失了。的确，对于如今的青少年来说，发现自己竟然因为冒失让座而被大人责备时，他们会感到不安。父母根据自己的童年经历处理事情，可能会显得格格不入。

赫尔伯：一般的礼貌也会导致敌对的反应，这是多么可悲啊。但如果结果与预期不同，为什么要冒险呢？一个典型的例子是父母是如何发现自己不得不用与他们自己是孩子时不同的方法来对待他们的孩子的。无视和破坏性的行为过去很少见，但随着社会流动和社会媒体影响了孩子的自我意识，这些行为似乎已经大大增加。

托尼："正常"的概念一直在变化。我们的认知可能会在几乎察觉不到的情况下发生变化。但回过头来看，我们可以看到变化有多大。现在越来越多的人开始关注儿童的情绪和心理健康。各国政府迄今仍倾向于关注身体健康而不是精神健康，但精神健康问题似乎正在以惊人的速度增加。

赫尔伯：这正是我所经历过的。心理健康支出一直被认为是医疗保健方案的软肋，因此是资金投入最少的。现代家庭的压力比以往任何时候都要大,各种各样的精神痛苦随之而来。在某种程度上,这是一些传统界限消失的结果,因此旧的确定性变得不那么清晰了。例如,家庭规则往往无法执行,其中原因有很多:我们中的一些人在不听话时受到的殴打现在被禁止了。惩罚几乎不可能实施,而且几乎总是围绕着零用钱或服装、化妆、社交生活等方面的开支。

托尼:回顾过去,我意识到我是顶尖一代的一员:我在年轻的学生时代就被打过,但当我在 20 岁出头开始教书时,我从未想过要打孩子。停留在我的脑海里的不是臭名昭著的"福斯特式惩罚"的技术效率[因其创造者而得名,他把尺子的金属边缘(像熏肉切片机那样)放在 10 岁孩子的臀部,作为对其说话的惩罚。],而是老师的专业性不足:老师没有其他惩罚措施。随着体罚的废除,教师不得不成为更好的教师。父母也是如此,尽管这可能很有挑战性。

赫尔伯:另一个重要的变化是睡眠模式。这在很大程度上要归因于智能手机的主导地位。孩子对于父母的认同远不如过去那么大,特别是在性取向方面。隐藏的分歧逐渐显现出来,而且大体上更加可以被理解和接受。

托尼:虽然有这么多的压力和困难,但是难道我们不比我们的前辈更健康、更富有、甚至更聪明吗?

赫尔伯:广义地说,我认为这是正确的,尽管我们不一定更幸福。

朋友

托尼:作为家庭压力的对立面,与同伴的友谊是一种安慰。在学校里,令人感到振奋的事情之一是如何发展个人和群体关系——例如，兴趣和性情完全不同的青少年之间不太可能建立起联系。我记得当我还是青少年的时候，我感受到了友谊的温暖和纯粹的快乐，这种友谊使我在面对困难时不再那么痛苦。青少年在一起能带来巨大的好处，但友谊的问题，就像与父母的关系一样，很复杂。对年轻人来说，友谊的动态发展可能会导致他们陷入困境，因为他们会组建团体，寻求自己的身份认同。

赫尔伯：同样重要的是，透过不同关系的棱镜看自我形象的变化。例如，父母可能会让你认为你是世界上最出色、最聪明、最美丽、最有艺术气质的人，然而你的朋友对你的看法可能完全不同。朋友可以成为一个更诚实、更可靠的第二港湾，因此，可以是一个更值得信任的人。

托尼：在这种情况下，自然的本能是不相信你的父母，因为你觉得他们会说违心的话，不是吗？如果女孩的父母告诉她，她是最美丽的，穿得很漂亮，这应当在她与同伴交谈时增强她的自信心。但是如果她是一个十几岁的青少年，那么对于父母所说的赞美之词，她可能颇为不屑。她更倾向于相信同伴所作出的负面评论。

赫尔伯：当然，这里面有很多问题。父母需要了解有很多类型的家庭团体。有些年轻人由于种种原因没有朋友，或者有太多的泛泛之交；有些人聚集在一起，可能是可以被接受的，也可能是不被接受的；有些人加入了类似街头帮派的群体，这些群体主要是做欺负和控制他人的事，有些人最终会成为受害者，有些人则会成为参与者。这些组合都不是一成不变的。年轻人会不断地从一个群体跳到另一个群体。父母对朋友的接纳是另一个非常重要的问题。通常情况下，这是双向的。父母不喜欢孩子的朋友可能会对友谊起到很大的抑制作用——或者恰恰相反。如果一位母亲强烈反对某个人,而这个人和她的孩子关系亲密,那么在某种程度上,她就是在疏远这个孩子。这一点必须非常仔细地理解和处理。

托尼: 在这种情况下,最关键的是父母要保持开放、热情、警惕,并持续与孩子对话。如果你欢迎你孩子的朋友来到家里,那么作为父母,你将从谈话中了解到很多关于你自己孩子的事——别人的孩子通常比你自己的孩子更健谈。这样你就能更好地做出合理的判断。

赫尔伯: 而且,如果孩子的朋友干脆拒绝跟他们回家,那孩子的父母就会处于优势地位,可以与孩子就关系以及左右为难的问题直接进行谈话。

托尼: 我们已经谈到了帮派行为。青少年时期的群体动态本身就是一个吸引人的问题。几年前,我很惊讶地看到过一份纽约帮派的调查研究——纽约帮派是暴力的年轻男子团体,他们在外界看来似乎是咄咄逼人且不正常的。但他们想要成为帮派中一份子是为了获得组织内部的认同、同龄人的尊重,最有趣的是,经历爱情。我们通常不会把"爱"这个词与暴力团伙联系在一起,但我们有非常强烈的理由想要归属于某个地方。在一所好的寄宿学校里,这种关系将学生们联系在一起。从这个意义上说,从纽约黑帮到伊顿公学这样的地方只有一步之遥。有趣的是,在一组特定的关系中,不需要多大的努力就能把指针指向一个方向或另一个方向:它会让一组人获得积极的结果,而使另一组人似乎要把自己逼上悬崖。

赫尔伯: 我们的许多本能使我们得以生存,就日常运作而言,其中最重要的一种是群居本能。我们迫切需要归属感,有时这会让我们走向极端。成为群体中的一员,对于我们个人心理的重要性不能被高估。1905年,古斯塔夫·勒庞在《乌合之众》一书中写道,群体不仅是所有个体的总和,更是一个新的心理实体本身。当人们沉迷于与他人在一起时,他们最终会做一些他们做梦也想不到的事情。一种集体性的不负责任的行为可能会出现，甚至可能发展成危险甚至非法的行为，或者两者兼而有之的行为。

托尼：当人们在足球比赛中被一群高呼口号的人群围住，或者当某件事引发了一群暴徒的行为时，我们就会看到这种情况。我们有时也会在学校里看到，一群原本恭顺的青少年陷入狂欢，他们想要摆脱束缚，他们制造噪音，这通常令人很头疼。狂欢后，其中有些青少年真的会发现自己很难解释他们为什么要这么做。他们只是不知道：群体已经控制他们了。

赫尔伯：它可能发生在任何社会群体中和任何情况下。我清楚地记得一个年轻人，他在社交和学术上都取得了巨大的成功，但他也参与了极端的政治团体。他被卷入了一个大城市的大型示威活动中，最终他打碎了窗户，掀翻了汽车，并点燃了尽可能多的东西。他很快就被认定为罪犯之一，最后上了法庭，法官给了他严厉的判决，以威慑他人。他的父母当然气疯了。

托尼：在你引用的例子中，对归属感的需求似乎势不可当。这似乎是与生俱来的：人类是社会性动物。尽管有一些极端的例子，但这种对归属感的渴望也是非常积极且能提高生活质量的。虽然有时会让成年人感到很生气，但看到年轻人发现社区生活的乐趣真是太好了。比如一个不成熟、胆小的男孩，当他最终被同伴们接受加入游戏时，他兴高采烈地尖叫着。作为一名教师，相比那些大声喧哗、偶尔缺乏克制的年轻人，我更关心那些不知道如何寻找归属感，很难理解社会关系的年轻人。

赫尔伯：这可能是一种刻板印象，但不管怎么说，那些与任何人都没有友谊的完全孤立的人是社会上最不安分的人之一，因此他们最有可能做出最可怕的事情，这是真的。例如，我们在学校大规模枪击事件中经常看到这种情况。这些极端病例涉及可能患有精神病并需要住院治疗和药物治疗的人。在更正常的情况下,觉得自己被排斥在群体之外的年轻人会遭受很多折磨,因为这种对归属感的渴望是如此强烈。不幸的是,这种情况并不少见。很多年轻人可能患有自闭谱系障碍(ASD)和/或注意缺陷多动障碍(ADHD)。他们常常会感到痛苦、不开心或被孤立,并成为欺凌者的猎物。

托尼: 在成年人的生活中,关于最终属于哪个群体,我们有很多选择。当我们年轻的时候,我们的自我意识仍然不稳定,这是一个更困难的命题。此外,在学校的日常生活中,要和谁交往的选择是相当有限的。有些家长认为学校应该能够创造和谐的氛围,但让他们焦虑的是,预测一个群体的化学反应是很难的。越来越多的父母通过要求把孩子安置在特定的班级或环境,来为他们创造一个完美的、定制的世界。学校无法提供这一点,但好的学校仍然知道如何发展群体文化。然而,这种情况目前还不太令人满意。因为我一生都在学校里度过,我不得不承认学校可能是令人感到绝望的熔炉,也可能是有着希望和光明未来的地方。

赫尔伯: 幸运的是,大多数年轻人在学校的社交和学业都很好,这通常是因为他们有广泛的互动。有限的人际关系选择会导致不安全感,促使个人加入帮派。正如你所见,归属感提供了一种安全感——就像找到一个可以接纳你的家庭一样。当支持个体的家庭动力很弱或完全缺失时,这似乎特别有吸引力。

托尼: 人们常说,关键因素是年轻男性在成长过程中缺乏有效的男性榜样。但我发现情况并非总是如此:正如我们所观察到的,有很多单亲父母成功抚养孩子的例子。

赫尔伯：再加上每个社会中强大的文化和亚文化群体。一位单亲母亲有四个孩子，孩子的父亲都不同，但都对孩子没有明显的兴趣。她面临着家庭生活的极端情况，这可能会导致这些孩子的行为和发展问题，也可能不会。我们知道概括可能看起来不错，但并不一定适用于每个人。每个人都必须被看作独立的个体。

托尼：另一个泛泛而谈的例子是，我们通常说帮派是由潜在暴力的年轻男子组成的，但现在女孩帮派变得更加活跃，一群女孩比一群男孩更具攻击性和威胁性。

赫尔伯：这是积极发展的消极一面。近年来，性别角色已经不再那么根植于传统的期望。女孩被鼓励去做男孩正在做的事情，甚至在某些方面超过了男孩。

托尼：那并不意味着女孩应该在消极方面超过男孩。

赫尔伯：没错，但我觉得女孩会有意识或无意识地对自己说，"男孩能做的事我都能做"。让我感兴趣的是，青少年在同性群体中更容易感到自在，当有男有女的帮派发展起来时，他们之间的攻击和对抗往往会加剧。

未来

托尼：你的第三个话题引起了我的兴趣，因为在某种程度上，它是最不起眼的。你谈到的是未来对年轻人的成长方式有持久而深远的影响。

赫尔伯：我们已经谈到了青春期的不同阶段。我们倾向于认为青少年更多地涉及家庭，不太关心未来的困难重重。但今天这代人的一个特点是，即使是相当年轻的青少年也会为未来操心。

托尼：多年来，我们都知道，青春期是一个关键的时期，为个人身份和个人在世界上的地位奠定了基础。而现在，这个过程的发生似乎正越来越早。有很多例子：一个小学生表达了对英国脱欧时代国际关系的担忧；一个13岁的孩子因对全球变暖的焦虑而自残。有一堆纷乱的新闻和观点在轰击着年轻人，需要达到世故的水平才能理解它。年轻一代正在发展他们的父母从未拥有过的数字技能，但令我担心的是，今天的年轻人无法处理所有信息：这对成年人来说已经够难的了。

赫尔伯：部分原因是他们还没有准备好，因为发生在他们身上的很多事情都不仅仅是他们父母自己的经历。但让我特别担心的是我现在看到的前青春期阶段的焦虑。从性期望到边缘政治，年轻人可以接触到父母和老师知之甚少的信息。他们也没有建立起过滤机制，使他们能够理解自己的所见所闻。

托尼：同样地，我注意到一些年轻人担心在这个支离破碎的世界里，线性职业的简单确定性似乎已经从他们身上消失了。现在已经不像以前那样能一路望到底了。当我18岁的时候，人们认为我应该在某些领域取得资格，并在一生的职业生涯中坚持下去：接受律师培训，成为一名法官。但现在不再如此。对未来缺乏方向似乎令人生畏，但也有很多青少年对未来的生活感到解放和兴奋。

赫尔伯：那可能是因为你很幸运，在成功的学校工作过。

托尼：我承认这一点，我也很清楚，有相当一部分的青少年似乎对自己的事业没有任何担忧——或者，事实上，对自己的领域没有任何兴趣——但可能一直都是这样。我们需要鼓励所有的学生参与他们周围的一切。

赫尔伯：同时也要建立关键的筛选机制。虚假消息的传播来势汹汹。

托尼：当然，区分消息是否可靠便是，或者应该是良好教育的关键。相较于父母，年轻人不得不应对比以往更多的变数，而这主要是因为他们通过社交媒体可以获得大量未经证实的信息。与之相关的是要有能力顾及情境和事情的来龙去脉，基于证据做出关键性判断。这是一项艰巨的任务：我们想要一代又一代人有深刻、坚定的价值观，那将帮助他们度过一生，但是他们也需要有能力改变视角，从各种角度去看待事物——这是他们能够应对持续性的变化的方式。他们需要紧紧抓住感觉到的美好和真实，同时也要是适合的事物。这对他们来说是一大挑战，而且对他们的父母和学校也有必然的启示。

赫尔伯：其实这对职场和社会运转的方式也有启示。

托尼：灵活性和长期价值的结合是很难实现的，但是我并不是一个悲观主义者。不确定性可能会带来焦虑，但是也能释放想象力。我看到许多青少年在更大格局上呈现出很好的创意，显然挣脱了限制。比如阐释如何应对饥饿和贫穷这样的全球性问题，并坚信他们能够做出改变。拥有青春的愿景是人类现状的一部分，但是我认为不止于此。年轻人有能力做大事。

赫尔伯：那么，对于父母如何帮助他们激发想象力和积极思考，您有什么建议？

托尼：通过交谈和鼓励！与青少年交谈常常被视为是有问题的，当然也有一些时候，特别是在青春期中期，父母需要学习如何和何时去交谈。除此之外，还要平和耐心地坚持下去，创造一个家庭对谈论一系列话题的期望。比如进餐时就是一个很好的机会。尽管阖家吃饭的情况越来越少，但父母需要抓住一切机会和青少年进行交谈，如分析一场足球比赛可以引发一场关于职业足球顶级赛事中与金钱相关的道德问题的讨论。另外,开车也是交谈的绝佳时机,尤其是当父母和孩子都坐在前排,目光朝前时。一个封闭的空间、一个共同的行进方向以及彼此间没有目光交流,这些都可以帮助营造一种可以讨论各种事物的氛围。

赫尔伯:这倒是可以进行交流的一个绝佳机会!此时可以讨论一些禁忌话题或在其他地方不可能提出的话题,以让双方有所交流。

学校(以及学校外)

托尼:现在,除了来自互联网的巨大影响,我不确定我在学校里看到过的年轻人和孩子们的行为方式发生了什么真正重大的变化。其实更让我印象深刻的是父母的态度发生了怎样的变化。父母总是雄心勃勃地希望他们的孩子取得最好的成绩,当然这是一件自然而积极的事情。但从伦敦到上海,我所看到的是一些家长的雄心壮志,他们目标明确,痴迷于以孩子可衡量的学习成绩作为他们进入下一阶段的入场券。当然,在这个竞争日益激烈、全球化的世界里,我可以理解家长们的焦虑,但这种态度是要付出代价的,这给年轻人带来了巨大的压力。在伦敦的某些地方,父母的这种想法几乎已经到达了荒谬可笑的地步。一些父母可能会在孩子两三岁的时候因为让孩子进入他们选择的学校而产生困扰。这个决定似乎非常重要,好像其会以某种神奇的方式直接影响孩子进入牛津大学的机会。这种情况近乎疯狂。针对这种现象,当然,学校本身也要承担部分责任。但背后的问题更大,因为一些父母想通过子女实现自己雄心壮志的欲望日益膨胀,而这对一些年轻人造成了非常严重的伤害。

赫尔伯：我想让家长们紧张的不仅仅是学业成绩。

托尼：这是焦虑的主要来源，但孩子学校生活的所有方面都受到家长严密的审视也可能会导致一些令人担忧的成年人行为。例如，客队一名男孩的父亲在边线上反复用脏话指责（完全有资格的）主队裁判是个骗子。在这种情况下，我很欣慰老师或者裁判公开表示比赛停止。我知道有些家长要求老师让他们的孩子在戏剧中扮演某个特定的角色，也有相当多的家长对校规非常挑剔。以上种种其实都是父母对孩子教育过分热情的表现。

赫尔伯：在天平的另一端，则有太多的父母或照顾者对他们子女的日常生活，包括学校生活，表现出很少的兴趣。在这两者之间，我也遇到过一些人，他们只是想让自己的孩子上学，这样他们就可以过自己的生活。这和我自己的经历很不一样。在我上学期间，任何缺席或不良行为都是不可想象的。14岁那年，我因为行为不端被老师打了一顿，但更不幸的是，当我告诉我的父母时，我又一次受到了惩罚。无论我做了什么或没做什么，我的父母都不会急着去保护他们的孩子。因为在他们眼中，老师是权威人物，尊敬是应有的，当然也是仅此而已。

托尼：总的来说，这是对职业和职业判断丧失信心的一大部分原因。我们已经开始相信每个人都以某种方式拥有正确的权利。

赫尔伯：有一件事让我印象深刻，特别是考虑到你刚才描述的足球比赛，一些教师（当然是在公共部门）感到不仅没有得到家长的支持，也没有得到教育体系的支持。这似乎是申请成为教师的年轻人数量大幅度下降的原因之一，尽管在过去，教师被视为一个受人尊敬的职业。

托尼：我们应该时刻提防黄金时代的神话。在我们国家的历史上，很难找到一个教师真正受到颂扬的时刻，但让我感到悲哀的是，现在人们不再把拥有一位好老师等同于获得更好生活的通行证。尽管有很多成功人士会证明至少有一位老师在他们的生活中扮演了重要角色,但将他们走出"小山村",取得成功归因在老师身上似乎总是不够"浪漫"。我们当代对教学这一种职业的看法是矛盾的。尽管在那些对于职业所具有的社会价值的调查中,教育行业仍然表现得很好,但在接下来的调查中,同样的调查对象认为教育行业是他们最不期望自己孩子所从事的行业。多年来我注意到老师和家长之间的关系变得更加富有交易性,因为很多人根深蒂固地认为学校就是给顾客(即孩子)提供服务,因此父母有权利代表他们的孩子获得一个特定的结果,有时不管孩子自己愿意与否。

赫尔伯: 这听起来更像是私立学校的一个特点。

托尼: 你可能是这么认为的,但事实上,家长的这种"攻击性"行为在所有类型的学校都有,来自各种背景的家长都可能相当挑剔。虽然我还没有像我的一位班主任朋友那样,由于一位家长想要和他强调某点,受到来自这位家长拿刀相向的威胁,但我曾多次受到严厉的诉讼威胁。在不同类型学校担任校长的朋友和同事都提到了父母在各种情况下目光短浅的反应。尽管大多数时候,大多数家长都是支持和公正的,但对老师和学校来说,这是一个越来越具有挑战性的环境。

性

赫尔伯: 这是一个得到广泛讨论的领域,尤其是人们的态度和解释已经发生了如此深刻的变化。性几乎总是不可避免地成为一个令人困惑的发展阶段,但如今,由于各种各样、来自各方的信息过多,这种困惑正大大增加,其中一些还是矛盾的。考虑到这个问题的复杂性,我们还是单独用一章来讨论性。

自我

托尼: 所有以上都把我们引向了自我的概念。在任何年龄段,我们的自我形象都是至关重要的。但在青春期这一阶段,我们会强烈地感受到这一点。

赫尔伯: 我们都曾经年轻过,而且常常认为自己依然年轻。青少年倾向于关注身材、外表以及他们看上去是否令人愉快。他们经常会问自己:"我对别人有吸引力吗?"青少年对他人的评论特别敏感,但这些评论往往以一种既定的形式出现,所以恭维不一定会被相信,批评却会被铭记于心。在我们生活的各个阶段,这都是一种很自然的反应,但在青春期更明显。在这个阶段,我们总是会想:"我们符合理想群体的模式吗?"

托尼: 这种类似的青春期自我提问似乎没完没了。比如,"在身体上、社交上、学习上,我是否达到了自己想要的高度?""我能融入我想要加入的团队吗?""为什么我对自己不满意?"这种提问有时听起来像是任性的话,但却是寻找自我认同的必经过程。

赫尔伯: 埃里克森首先讨论了身份这个话题。他的《同一性:青少年与危机》一书自 1968 年出版以来一直是畅销书。他强调了在所谓的先进社会中身份的复杂性以及角色混淆的重要性。他为发展心理学做出了很重要的贡献,特别是他对青少年时期心理-社会发展八个阶段的描述。这与玛格丽特·米德(Margaret Mead)在萨摩亚(Samoa)的调查和马林诺夫斯基(Malinowski)对特罗布里恩群岛居民(Trobriand Islanders)的调查形成了鲜明的对比。特罗布里恩群岛居民关注的是只有两种性别角色的简单文化,因此自我认知方面的问题很少出现。这是一种简单的观点,因为性别身份的混淆必然会不可避免地发生并被压抑。人类已经迅速发展出了复杂的社会文化。像母亲和父亲这样的榜样可能已经过时了,取而代之的有很多其他的可供选择,如名人、教师和体育界人士。

托尼:地理环境也起到了一定的作用。随着社会流动性的增加,我们不再像以前那样扎根于特定的地方,而是更多地受到家庭所迁往的环境——如乡村、城市,甚至是郊区的文化影响。

赫尔伯:伴随着更大的行动自由、选择自由和个性自由,每个人都因为更大的压力而在以任何可能的方式提升自己。压力也来自必须适应男女间模糊的分工界限,除了怀孕和生育之外,男性和女性在大多数活动中的角色都是重叠的。但即便如此,情况也发生了变化。令人难以置信的是,那些本来是女性,后来通过变性手术变成男性的个体,可能仍然保留了原来的子宫。借助剖腹产手术与人工授精技术的结合,变性后的个体依然可以成功生出一个发育完全的婴儿。

托尼:代际的界限也很模糊。老年人和年轻人更有可能从事类似的活动或跟随相同的潮流,尽管青少年渴望拥有自己的地盘的愿望仍然根深蒂固,而且他们对成年人"入侵"自己空间这一行为的态度也依旧抱有敌意。

赫尔伯:再加上来自互联网和社交媒体的大量负面信息,很多青少年都意识到自己身份的脆弱性,这也就不足为奇了。

托尼:对不同身份的敏感是一件好事,但如果它变成了一种相对主义,即任何事情都没有进展,任何事情都不稳定,那么它将对年轻人产生深远的、令人沮丧的影响。

从某种意义上说,身份是流动的,事物在变化,但在任何时候,我们都需要对自己感到自信。这对青少年来说是令人困惑的,对他们的父母来说也是如此,有时甚至令他们感到沮丧。

当面对看似令人不安的变化时,请记住以下几点:

1. 交谈。有时说起来容易,做起来难。当有麻烦的时候,开诚布公的沟通可以让你在小事上有很大的不同。就交谈环境而言,环境要使交谈显得自然,这可能需要花点功夫去考虑。记住,对你来说似乎不是问题的事情,对青少年而言可能很重要。

2. 倾听。真正地倾听他们在说什么,而不是你认为他们应该说什么。这需要耐心,除此之外,没有捷径可走。

3. 在各个阶段都要接受:你的青少年是一个独立存在的个体,而不是父母(或其他人)想法和观点的"副本"。发展个性是一件复杂的事情,它会随着不同的关系而变化,而且永远不会完全固定下来。

4. 当你觉得有必要批评你家孩子的行为时,不要退缩。但记住是批评他们的行为,而不是批评他们。说"你行为不好,你的行为不可接受"是一回事,说"你太可怕了"是另一回事。青少年似乎对这种言语上的区别特别敏感,而且他们可能从中感到自己被否定。所有人都需要被爱,尤其是青少年。所以经常告诉他们,"我会永远爱你,尽管我可能并不总是喜欢你做的事"。

第二部分：大脑的正常功能

尽管没有接触过相关的科学课程,但每个人都需要知道关于大脑解剖学(它的结构是什么)和生理学(它的功能是什么)的知识。从某种程度上来说,大脑是所有生物的控制中心:蚂蚁、蠕虫,乃至人类,以及介于两者之间的一切生物。大脑发育最发达的是脊椎动物,包括鱼类和鸟类,但最大的进化发生在哺乳动物身上:包括狗、猫以及从大象到人类的所有动物。大脑的大小不是效能和能力的指示器。吉娃娃犬的大脑比大丹犬小得多,但两者的效能是一样的。就重量而言,人类拥有所有哺乳动物中最大的大脑,而且我们所有人的大脑大小都差不多。

大脑的运作方式,也就是它们的结构,在所有生物中都是一样的:大脑和附属的脊髓是指挥中心,中枢神经系统(CNS)提供了传输服务。大脑控制并解释我们所有的感官,如嗅觉、味觉、视觉和平衡觉。庞大的自动神经系统(ANS)是副神经系统,负责消化、心脏功能、呼吸等所有我们通常想不到的事情,但在对多种刺激做出反应时,它们一直在运转。在我们的整体功能和发育中最重要的是下丘脑,它不仅控制着饮食,还控制着睡眠和其他周期。它还控制着脑下垂体激素的释放。脑下垂体是一个豌豆大小的结构。还有许多其他重要的结构,尽管现在与我们没有直接关系,却与我们的日常生活有关。我们可以通过 brainmadesimple. com 网站来了解这些信息。

人类前脑(基本上是大脑皮层)的巨大进化对我们的思想、行为和行动产生了极大的影响。与其他哺乳动物更原始、更本能的行为相比,这正是我们成为人类的原因。然而,在所有的脊椎动物中,一个简单的、疼痛的刺激,如手指上的针刺,都会引起同样的反应。一条信息通过脊髓立即发送到大脑,并向肌肉发出快速返回指令,使其收缩和回撤。人类的不同就在于我们会思考。

大脑的一个重要区域是基底神经节,它在决定我们的行为方面起着作用:奖惩在大脑的这个区域起着最大的作用。重要的是,几乎所有没有直接后果的事情都会被我们的潜意识忽视,并被储存在这里。我们过去情感上的困难大致可以归结为大脑的这一部分,这也是一些治疗师在处理心理健康问题时试图探索的问题。

激素

激素存在于人类体内,也存在于植物和大多数动物中,而且其被视为来自我们腺体的化学"信使"。激素可以到达身体的大多数器官,并影响它们的功能——睡眠、性、血糖等。它们是一系列极其复杂的通信中的一部分,相互之间还受到情感、温度和光线等因素的影响。

有些激素通过血液影响其他激素的释放。例如,脑垂体的促甲状腺激素(TSH)会到达甲状腺,影响我们的许多功能,包括生长和脂肪沉积。尤其是在青春期,睡眠、饥饿和情绪变化是激素的重要功能,它们导致青春期的开始和压力的产生,而压力反过来又从肾上腺释放出自己的激素——皮质醇。如果这对成年人来说很难理解,那么置身其中的青少年又有多大可能会理解呢?

除此之外，青少年还会受到睾酮（男性）和雌激素（女性）的"攻击"（如果可以这么说的话）。雄性的睾酮来自睾丸，雌性的雌激素来自卵巢。大脑中的脑垂体在某种程度上控制着激素的分泌。肾上腺也是产生这些激素的重要部位。所有的互动都是复杂的，尤其是青春期的男性和女性，都会受到异性荷尔蒙的影响。例如，有些女孩面部毛发稀疏，有些男孩胸部可能增大。尽管这些现象是暂时的，但通常情况下，青少年在这阶段需要得到安抚。

激素在青春期起主要作用。尽管激素似乎在疯狂地流动，但令人欣慰的是，从海马体到大脑中的脑垂体之间有一个反馈系统，当血液中出现适当水平的激素时，该系统就会停止分泌激素。

在了解青春期之前，先说一下所谓的"快乐荷尔蒙"。这是我们身体产生的化学物质，它们负责引发快乐、愉悦或满足的感觉，并在青春期开始发挥其主要影响。方便记忆的是，它们组合成了"剂量"（DOSE）的缩写：多巴胺（dopamine）、催产素（oxytocin）、血清素（serotonin）和内啡肽（endorphin）。在第 8 章"成瘾"中对此有更详细的描述。

青春期

青春期是一个身体变化的时期，这可能是一个戏剧性的，有时是创伤性的经历。它受到一系列因素的影响，包括基因、文化、阶级、物理环境和饮食。而在这一时期，也需要在家庭内部进行心理调整。

它开始于男孩睾丸的生长和精子的产生，以及女孩阴毛的迅速生长。从十岁开始，男女声音都有明显的变化。无论如何，在西方世界，更好的饮食和良好的环境已经导致青春期比过去更早开始。一旦开始,快速生长是最明显的特征。女孩通常比同龄的男孩更大更强壮,而这种情况可能是她们一生中唯一的一次。

在这个阶段,两性似乎都过分关注自己的身体,以及他们的功能和外表。女孩通常在10岁到15岁之间经历肥胖阶段,这会严重影响她们的自我形象。男孩的体重增长也很快,一直持续到20岁左右。对许多男孩来说,最大的尴尬来自他们想要高声尖叫时,因为他们的喉部几乎是一夜之间发生了改变(失去了非常有价值的男孩高音)。

在青少年后期,体型趋于稳定:女孩往往会自然瘦身,男孩看起来越来越有男子气概。在这一时期,荷尔蒙对两性的腺体活动带来明显影响:皮肤和头发上产生油脂以及腋下有异味,但这很容易应对。除此之外,荷尔蒙还会引发青春痘,在某些极端情况下,这可能会让人毁容,令人非常尴尬。即使是轻微的青春痘也会持续很多年,会给人带来压力,并形成一种抑制性的、负面的自我形象,从而永久地塑造成人的个性。考虑到它可能产生的心理影响,医生和家属有时却没有更认真地对待它,实在是令人惊讶。

总的来说,虽然女孩看起来很羞于生理变化,但男孩似乎更讨厌这种经历,因为他们认为这个时期他们承受了太多的痛苦和尴尬。虽然我们对这一现象背后的原因并不完全清楚,但这可能是因为:他们认为此时正是需要展现男子气概的时候,但他们还没能完全控制自己的身体。许多男孩会出现乳房增大(男性乳房发育症),这通常是短暂的,但可能是尴尬的另一来源:在两性中,乳房的发育通常是不对称的。在这一阶段,无论是在家还是在学校,男孩和女孩都可能变得偏执和自私,他们/她们会过分关注自

　　　　　　　　对话青春期:父母、教师和青少年生存手册

身的身体和外表变化,有时甚至可以说是到了极端的程度。

身体的快速生长导致动作笨拙,因为虽然胳膊和腿变得更长更强壮,但其还不能有效地对来自大脑的信号做出反应。在这种情况下,家居用品可能会无意中被弄得满地飞,就好像家里有个流氓在乱跑一样。快速生长也是痛苦的,尤其是在生长速度不均衡的情况下。奥斯古德·施拉特病就是一个例子,其是由腿上的骨头以不同的速度生长导致的,这在十几岁的男孩中很常见,有时被轻蔑地称为"成长的烦恼"。而针对此病最好的治疗方法则是暂时停止体育活动,比如足球,这对一些男孩来说就像炼狱。

懒惰是笨拙的附属品,尤其是对男孩来说。但讽刺的是,智能手机的出现导致许多青少年"日以继夜"地玩游戏或玩社交媒体。这反过来会导致睡眠不足和白天缺乏注意力。

男孩性器官的发育会导致性兴奋以及难以自控的敏感性,而自慰提供了一些缓解。与此同时,女孩们则要应对经期的到来。

为了应对这一切生理上的变化,孩子容易有一种明显的"情绪应激",也就是说,"不听"权威人士说的话。当然,这是正常情况,年轻人在某些时候确实需要独处,此时隐私就显得尤为重要。因而,在可能的情况下,他们需要在家里拥有自在的个人空间。

而所有这一切都是为了摆脱父母,开始独立斗争的一部分。有点令人惊讶的是,那些唠叨着并看起来像是关心孩子的成年人和那些不关心孩子的成年人一样惹人讨厌。对于父母来说,这可能是一段艰难的旅程,他们需要时刻关注那些脚踏实地、反应灵敏、充满感激、可爱的"成年孩子"。因此,父母需要做好和孩子长期"游戏"的准备。

睡眠和梦境

好好睡觉是我们的一大福利,也是人类的必需品。就生物学上来讲,青少年的身心比成年人需要更多的睡眠时间。但是,关于睡觉时间/起床时间/(如智能手机)导致的夜间分心也是家庭成员争论的一部分。青少年很难接受 13 岁的孩子需要 11 小时的睡眠,17 岁的孩子每晚还需要 9 小时的睡眠。在他们看来,这意味着睡得太早。事实上,有充分的证据表明,青少年应该睡到大约上午 9 点。而为了适应他们的生物节律,学校应该在上午 10 点或更晚开始上课。但如此大规模的转变将会导致工作场所和家庭中每个人的生活发生根本性的变化,尽管一些学校正在进行试验,但这在目前仍是难以想象的。因而父母们也面临着一个代代相传的挑战:如何教育他们的孩子养成良好的睡眠习惯。

我们在第 9 章"屏幕少年"主题中谈到了一些挑战,但除了实际的挑战,我们也需要了解一下做梦的意义。

其实,不仅仅是弗洛伊德谈到了梦。梦及其解释一直存在争议。从心理学的角度来看,快速眼动(REM)——也就是睡眠中的快速眼动阶段,在婴儿期的大脑发育中是必不可少的,这就是为什么幼儿的睡眠比青少年和成年人要多的原因,在婴儿身上也很容易看到抽搐和明显的活跃梦。人们相信快速眼动睡眠会刺激大脑中各种对于学习至关重要的区域,这就是为什么大脑的某些区域在夜间比其他区域或白天更活跃的原因。

弗洛伊德认为,梦是通往潜意识的通道,因此,梦对决定我们是谁具有至关重要的意义。在这段时间里,由于缺乏干扰,思维比清醒时更加活跃。

而持不同观点的人则认为所谓的梦实际上是没有意义的，只是由到达全意识之前或之后经历的想法组成。就算刚刚和朋友们讨论过这个话题，许多人仍然遵循弗洛伊德的观点，相信在治疗情境中探索梦境会带来积极的感觉。

有关创伤后应激障碍（PTSD）、噩梦和去甲肾上腺素（一种应激激素）的影响的研究表明，当这种激素处于最低水平时，也就是说处于放松状态时，总体上幸福感和平静感会增加。当然，这种幸福感和平静感的获得是在创伤后应激障碍的影响及其情感经历被消化和合理处理的时候。

就记忆而言，人们相信快速眼动睡眠是有治疗作用的。它把一天当中发生的事进行协调和重组，让人感觉舒适，也不会产生危害。一天中的事件经过分类整理、理解，冲突便得以解决，人在这一睡眠阶段产生创造性思维、解决问题和集中精力学习的能力。这是唯一能更有效地集中精力学习的时期。这是 24 小时循环中大脑唯一不受去甲肾上腺素——即诱发焦虑的荷尔蒙影响的一段时间。非快速眼动睡眠也有许多功能，其中之一便是更有力地嵌入记忆。

睡觉和做梦不是一回事：许多人白日做梦，在这些半昏睡期产生了一些好想法。但尽管如此，有规律的、提神的晚间睡眠仍是必不可少的。

即使我们不记得自己的梦，但每个人都在做梦。事实上，至今还没有人确切地知道为什么我们会做梦，为什么做梦对我们的日常生活和精神健康是如此必要。但重要的是在酣睡结束后醒来的那一刻感到自己得到了休息。

我们可以给我们的孩子一些真正的"礼物"，例如，在很小的时候就培养其阅读能力，或者给到他们一段持久稳定的关系。但要实现这些更大的目标,我们需要向他们灌输健康的饮食态度,尤其是睡眠态度。

关于青少年和他们的大脑,你需要知道的五个关键事件

1. 青少年大脑的连接尚未发育完全。更具体地说,额叶皮质区域间(计划、策略和目标设定所需信息的高阶整合中心)的联系与下方刺激食欲和危险行为的结构有着非常不成熟的联系,而且其与记忆的连接也不佳。

2. 青少年对事情的看法似乎是非黑即白的。这毫不奇怪,因为运动和感觉功能的发展要比决策和控制的能力快得多。9岁的孩子以一种无方向性的方式感受感官经验。从青春期开始,为了获得敏锐的反应,孩子们就被驱使着去管理这种感官体验,不管是声音上的还是身体上的——有时包括喊叫,甚至是殴打。反馈是积极的还是消极的并不重要,重要的是得到反馈。青少年会不断地催促对方做出反应,给人的印象是他们想要一个非黑即白的回应。

3. 青少年喜欢冒险的行为。从科学的角度来说,不成熟的控制系统无法规范人们对刺激和奖励的欲望,但除此之外还有其他原因。青少年有一种进化的冲动——想要离开一个熟悉和安全的环境去冒险,以塑造成人的身份。冒险行为是成长过程中很重要的一部分。

4. 青少年的观念容易被扭曲。如果没有无负担的额叶来过滤我们成年后的经历、生活中的压力,如社会和家庭问题或疾病,我们可能会(显然不成比例地)表现出粗鲁或恶劣的行为。

5. 当同龄人参与进来时,其他事都不再被纳入考虑范围。青少年对同龄群体的存在和影响特别敏感:他们受到观察者注意力的刺激。这种情况

下,青少年大脑额叶皮层和纹状体更活跃,这会提升冒险行为的潜在奖励价值,如为了扮演"英雄"而饮酒或吸毒,他们认为冒险似乎总是值得的。

一些父母和青少年会想知道这有什么值得大惊小怪的,因为他们的家人就有无缝过渡到成年的经历。这种情况确实会发生,无缝和创伤之间的所有其他也会发生。这一过程没有固定的模板,青少年的大脑是因人而异的。

这五个关键事件在很大程度上解释了青少年的行为,但它们都是正常、健康和必要的过程。我们也应该记住,青春期是人类生命中最有创造力的时期之一。在这一时期,大脑会迸发出一种创造力,这种创造力可以以无数种方式表达出来,而其中一些方式是非常规的,但所有这些都应当受到鼓励。

第 4 章
养育及家庭生活

托尼：几乎没有什么工作比做母亲更具有普遍性，当然，也几乎没有什么工作比做母亲更让人担忧、更有争议，也更困难。无论是计划还是意外地成为一个母亲，母亲的天性都使其变得容易，但如何将养育之道贯穿始终仍然是一个大课题。

赫尔伯：这对母亲来说尤其如此。从确认怀孕到决定继续怀孕的那一刻起，她们就面临着许多焦虑、规定（孕妇什么该做、什么不该做）、不确定因素和压力，以致于有时候我们都认为大多数人能坚持产下孩子是奇迹。孕妇"必须做的事"，如保持健康、饮食、去合适的诊所就诊等，有时比"不能做的事"，如饮酒、吸毒、过度锻炼以及（剥夺了胎儿正常发育所必需的营养成分的）过度节食要容易一些。幸运的是，母性在此刻再次发挥了作用，只要有足够的支持，尤其是来自未来父亲的支持，几乎所有要求她们做到的事情都会自然而然地完成。许多女性没有这样的支持，但她们仍然可以成为优秀的供养者，尤其是在大家庭和朋友的帮助下，她们可以生育出色的孩子。为人父母没有硬性规定。

托尼：这是一个关键点。多年来，我们一直被完美家庭的观念所困扰。在电视剧《广告狂人》第一集的结尾，剧中这位圆滑的广告业天才主管辗转于情人与妻子间，最终回到了妻子和两个孩子（当然一个是男孩，一个是女孩）的身边这一情节被定义为理想家庭，而这也是 20 世纪 60 年代广告的内容。情景喜剧尤其可以成为社会态度的风向标。多年来，完美的家庭

(父母和两个孩子)被描绘成美丽和谐的家庭,这些家庭尽管经历了奇怪的挫折,但总是有着幸福的结局。可惜,这是一个从未与现实相匹配的愿景,然而有时人们仍然渴望实现这个不可能的想法。

赫尔伯:从最基本的层面出发,父母是自己物种内子女的亲生照顾者。我们过去只在男性和女性的背景下考虑这一点,但我们社会的变化是深刻的,已经出现了许多变体,例如同性父母,他们/她们都在广泛和恰当地被接受。

托尼:最好的父母似乎是那些内心和生活方式都很快乐的人,他们能够把这种积极的态度传递给他们的孩子,让他们在安全的环境中成长,并感受到养育和爱。但即便如此,那些希望自己的孩子在适当的时候成为独立、健康的成年人的父母也将面临挑战和困难。

赫尔伯:那是因为这些父母呈现给众人的印象可能是具有误导性的。例如,强制一致性。尽管孩子在家庭之外几乎没有互动,但是他们可能仍然会被描述成是"快乐"的。但当家庭这一"防护墙"被打破时,却隐藏着非同寻常的脆弱性。功能失调的家庭实际上可能是那些似乎完全只满足于他们家庭群体内善良和爱心行为的家庭。他们误认为他们的孩子具有优越的诚信、智力和生活方式,但当这些孩子最终离开家时,可能会遭遇极度的幻灭。因为这些孩子内向和自利的生活方式并没有为他们适应在其他地方发生的事情做好准备。

托尼:你关于一致的观点的理解很好。我们都是不同的,对父母来说,了解性格是如何形成的是有帮助的。毕竟,认识到在同一家庭中由同一对父母培养出性格迥异的孩子是很平常的事。

对话青春期:父母、教师和青少年生存手册

个性

赫尔伯：本质上，我们的个性就是我们如何向世界展示自己。它包括冷静、同情、自信、魅力和道德感等方面。

托尼：这似乎是一个特别不稳定的区域。说到人格类型，从希波克拉底开始，关于人格类型的定义就层出不穷。

赫尔伯：希波克拉底将人格分为 4 种类型，卡特尔提出了人格的 16 种根源特质，而奥尔波特曾列举出了英语中可以用来描述人的 4 000 多个形容词。

托尼：不错。那么，如果有的话，你认为哪些定义是相关的和有用的呢？

赫尔伯：几年前，剑桥大学提出了一个五因素理论，它有效地确定了五种人格类型：经验开放性、认真性、外倾性、宜人性和神经质。为了完整起见，我可能会加上内向。

托尼：就专业分类而言，这很好。但对父母来说，重要的是人格的关键方面是如何发展的，以及他们能在多大程度上影响这个过程。作为一个非常粗略的经验法则，我认为大约一半的人格依赖于基因，而大约一半是后天获得的。

赫尔伯：这确实很粗糙，但它确实说明了遗传因素并不是压倒一切的因素。情况似乎也确实如此，基因上了膛，环境扣动了扳机。因此，只要有足够的信念和决心，我们就能改变我们的个性。但这说起来容易，如何付诸实践呢？毫无疑问，人们最想展现的一面是：在压力下能保持冷静；总是尝试看到生活中积极的方面；与退缩的欲望作斗争，变得善于交际和外向。澳大利亚的一项研究则强调了那些我们能够改变的特质，也即需要帮助我们的孩子改变的特质。这就包括：作为外向性一部分的热情和自信，礼貌，同情和移情（因此是宜人的），积极的思考，开放的思想，富有想象力和创造性，自律（有规律的生活），善于对情绪波动做出控制，等等。

托尼：所以第一步是更全面地了解你孩子的特点，找出你认为不足的地方。而且本着诚实的精神，父母需要对自己提供的榜样进行批评。要知道，对于一种品质来说，作为一种例外比作为一种规则更为常见。父母也要记住，所有的家庭成员都会相互影响。例如，从兄弟姐妹身上学到同情心是最好的。

赫尔伯：当你试图去了解年轻人的时候，最好的方法是进行大量的对话，用一种有条理的方式来处理情况，这可以帮助你理解原因和结果。不停地说，正是通过这种低调、理智和充满爱意的交谈，年轻人自我分析的技能开始得到培养，并开始学习如何将其应用到其他场合。

托尼：我经常从关心青少年的父母那里听到的一个词是"态度"。态度不是一个固定的性格特征，一生中可以改变很多次。基因所起的作用相对较小。它受到许多不同的人的影响，有真实的，也有虚拟的，当然还有家庭。你上面给出的建议同样适用：把它说出来。如果孩子仍旧坚持己见，那就找另一个明智的成年人，让这个倔强的少年听他的，你总是能找到让他听从的人。

赫尔伯：形成观点的能力也差不多。要知道，年轻人的观点也会一直发生变化，因此，重要的是，我们应该给年轻人空间和鼓励，让他们发展和表达自己的观点。然而，正如我们在第9章讨论的那样，在"后真相"时代，年轻人观点的形成还会受到另外一个维度的影响：大型在线社区可以强化年轻人的观点，导致这些观点变得非常难以被消除。而其中一些观点可能是危险的，从阴谋论到原教旨主义和狂热主义。核磁共振扫描显示，政治言论和非政治言论的神经活动不同，前者更难改变。因此观点应该通过倾听和观察形成，接着需要思考，然后进行讨论，最后才是在需要的时候做出决定和行动。

托尼：作为家长，这是一个值得讨论的过程，因为我们本身也倾向于基于很少的思考和反思过去而草率行事。因此，把它付诸实践是不容易的。

赫尔伯：我来谈一谈边缘性人格障碍（BPD）。BPD 并不容易被识别，因而经常被误诊为抑郁症。它有几个明显的特征，比如暴怒、害怕被抛弃、关系不稳定、自我形象问题、明显的冲动、情绪波动和自残倾向等。BPD 现在被称为情绪不稳定人格障碍（EUPD）。在 Mind 网站上可以找到与此相关的描述，以及可用的帮助建议。几乎可以肯定的是，如果有这方面的问题，最好在开始的时候就寻求专业的帮助。

托尼：人有很多不同的性格特征。例如，无论是在家里还是在学校，我们都会遇到难以相处或不愉快的人。事实上，"黑暗特质"这个词现在已经被人们接受了。

赫尔伯：哥本哈根大学最近的一项研究中就使用了这个词。这些"黑暗特质"包括所谓的"黑暗三人格"：精神病、自恋和马基雅维利主义。作者还注意到施虐狂、恶意、自我主义、利己主义、权利感和其他不受欢迎的发展特征经常相互重叠。因为他们有长期建立起来的信仰体系，因此那些相关的人几乎总是能够证明他们的行为是正当的。而我们即使不是专业人士，也可能认出我们认识的人有这些人格群体的痕迹。他们可能知道别人对他们的看法，也可能不知道，但专业帮助只对那些真正想要的人有用。

托尼：对于一个父母担心却不情愿接受帮助的青少年，父母又该怎么办呢？

赫尔伯：问得好。如果人们认为这是一种持久的人格特质，问题才可能有进展；但对许多人来说，这只是暂时的。如果在家里或其他地方感到不安，那么父母应该安排一次初次咨询，有没有孩子在场都行。这种事我见过很多次。想象一个心烦意乱的父母在场，却找不到原因。我觉得有必要强调这是家庭问题，这样才能消除一切问题都是源自孩子的想法。如果明确指出这是一个需要一起解决的家庭问题，父母就有更好的机会让所有的孩子都参加以后的会议。

托尼：我遇到过的一个问题是，有些家长想当然地认为他们行为不佳的孩子一定有某种人格障碍。但通常情况下并非如此。这或许是一个极端形式的测试行为的例子，一个男孩为了冒险而往自己身上浇汽油，这是一件令人担忧的事件，但这种事青少年很可能会做。对此，成年人必须正确面对，适当反应（设定好界限），但不能反应过度。一方面，被动接受是不利的，这可能不利于孩子未来的发展，但另一方面，任何惩罚必须经过合理的讨论并以适当的度进行。

养育风格

赫尔伯：在谈到性格和风格时，我们应该考虑父母和孩子的行为方式。养育方式有很多分类，但有四种基本类型是被大多数专业人士认可的：忽视型、放任型、专制型和权威型。由于父母和孩子之间关系的变化，如离婚、疾病和时间的流逝,在不同的发展阶段,这些类型间不可避免地会有一些重叠。

托尼:我承认往往只有当我感觉到父母明显不对的时候,我才会去定义育儿风格。如魔术贴父母(粘着孩子,过于溺爱孩子)、直升机父母(永远徘徊在孩子上空,时刻监控孩子)、割草机父母(时刻为孩子做好服务准备)和推土机父母(为孩子扫清通往成功的道路上的所有障碍)。我推荐以一种更平衡的方式来看待育儿风格!但毋庸置疑,疏忽的父母必定是最糟糕的父母。

赫尔伯:是的,但重叠的情况更糟。例如,疏忽的独裁。这种忽视可以体现在成长和发展的每一个方面。在这种情况下,父母和孩子缺乏沟通,孩子的生理和情感需求被忽视。孩子处于危险之中,尽管这不一定是因为父母希望对孩子造成伤害。他们很可能有过类似的成长经历,并需要获得支持和指导。人们往往会将这种教养方式与最贫困的环境联系在一起,但其实这在每个社会阶层都可以看到。

托尼:的确如此,但在我看来,有些方面的忽视似乎尤其糟糕:如果父母离家久,并且没有告知孩子任何关于他们离家后的信息;当他们对学校里发生的事情不感兴趣时(即使在某些情况下,他们为学校花了很多钱);当他们完全没有注意到孩子的朋友;当家长总是缺席家长会,而他们也不知道他们的孩子在哪里时。这些都是最糟糕的教养方式。有时,这是令人震惊的刻意为之,但更多的是由于父母的忙碌和只关注自己的生活。这些父母确实需要帮助,但接触到他们是困难的。他们可能需要通过与老师或朋友进行一些对话,才能看到孩子受到的伤害。

赫尔伯:相比之下,宽容的父母会过分纵容孩子,因为父母的期望很低,他们几乎允许年轻人为所欲为。而过分的宽容会造成真正的伤害。这种家庭基本上是一个没有结构的家庭,年轻人没有必要发展自我控制和自律或考虑他人,问题蔓延到他们生活的各个方面,甚至可能包括未来的养育。

托尼:你所说的放任式教育现在比以前普遍多了。我遇到过一些父母,他们似乎总是害怕做一些可能会让孩子不再爱他们的事情,所以他们温柔地允许孩子不受限制地上网、在家抽大麻、对孩子晚上出门不予评价,或者容忍孩子的攻击。这种态度通常是由家长想要成为青少年的朋友的愿望所驱动的。例如,在板球比赛时,从汽车后备箱里拿出酒并随意分发(结果是灾难性的)。撇开好朋友不会轻易妥协的事实不谈,青少年最不想要的就是与他们的父母成为朋友,就像他们不想要一个老师伙伴一样。父母在孩子的成长过程中扮演着非常重要的角色。

赫尔伯:我们早就明白,安全感来自凡事都有界限。从长远来看,角色模糊和违反规则既不利于让父母快乐,也不利于让孩子开心。这一群体中的年轻人更容易陷入困境,社交技能更少,学习积极性较低(因为无论结果如何,总是有父母的赞扬),也很难与家门外的权威人物相处——因为他们总是可以指望父母无条件的支持。在某种程度上,他们视自己为宇宙的中心,至少在家里是这样。

托尼:在天平的另一端是专制的父母,他们紧紧地控制着家庭生活。规则是一成不变的,不允许讨论或修改。即使在当今时代,侵权也可能导致肉体上的惩罚。有时,这些家庭在情感上是冷漠的,但并不总是如此。一个有魅力,但软弱无力的15岁男孩有一个同样有魅力的父亲,他会给每天在家的儿子一份打印好的假期行程。那男孩是奉命行事,没有任何选择。他的日子过得井井有条。对他来说，难怪上学校是一种解脱，但他根本不能自立，甚至不能独自到达正确的地点上课，更不用说准时上课了。

赫尔伯：这些家庭的孩子对探索性事物和原创思维感到恐惧，因为他们害怕可能会受到惩罚。他们在社交环境中缺乏安全感、自卑、经常害羞、不合群。他们往往以一种相当非黑即白的方式看待世界，而且对在家庭内外的反应非常不同。

托尼：这就引出了这些类别中的最后一个——权威型父母，他们可能是最有回报和最有益的类型。

赫尔伯：那是因为这些父母都知道孩子会有一系列的发展阶段，以及这些阶段是什么。人们对家庭所有成员之间关系的质量也有很高的期望，并愿意随着时间，根据年龄和能力为家庭中的成员创造发展的机会。

托尼：像你所描述的那些有效率的家庭似乎有着共同的运作方式：根据年龄和发展所建立的合理期望，奖惩分明的规则，良好的沟通，而其中的核心是对合理意见的鼓励。

赫尔伯：是的。这是成功的标志。只是养育子女的环境比以往任何时候都更具挑战性，这就是为什么现在在家庭之外有更多的参考，大量的网站如雨后春笋般冒出来，如 Parentline、Young Minds、Positive Parenting 和 Mumsnet。

托尼：在某些方面确实可能更难、更具挑战性，这不仅仅是因为今天的孩子所经历的许多事情对父母那一代人来说都是未知的，还有我们必须承认，父母这一角色比以往任何时候都更重要。不管我们知不知道，我们都有自己独特的教育方式。只有当我们用冷静的眼光看待我们正在做的事情，我们才能更好地为我们的家庭服务。

青少年的伎俩

托尼：父母的压力很大，不可否认，绝大多数父母都想为孩子尽最大的努力。我们谈论育儿方式可能也给他们增加了压力！但我们至少可以给他们提供一些建议作为帮助，一些我们在青少年身上观察到的看似不可预测但可预测的行为方式——他们的一贯伎俩。

赫尔伯：这在专业上被称为青少年机制。孩子们经常会因为零花钱、家庭作业、就寝时间等问题与父母发生争论，他们认为他们的朋友在这些事情上的待遇要好得多。这些争论是他们试探过程的一部分。

以下是我们最常观察到的一些问题，主要来自成长过程。

情绪不佳

对青春期进行任何讨论，都不可能不提起暴躁、喜怒无常和反抗行为。在青春期，一个可爱的孩子会变成一个爱捣乱的、漠不关心的、易怒/沉默的、不守规矩的"暴君"，尤其是随着身体力量和体型的增长，他/她甚至令人难以捉摸，有时甚至让人害怕。家庭价值观也因此受到了挑战。正如赫尔伯所说"你讨厌他们，他们讨厌你，他们甚至也讨厌自己和别人"。

青少年的这种表现可能是因为大脑的冲动控制和决策部分还没有完全发育，这一点可能让家长们得到些许安慰，但知道这一点并不总能让他们在处理挫折、威胁和退缩时不那么痛苦。

攻击性

这在男孩中更为常见,但越来越多的女孩也在做同样的事情。其特征包括欺凌、打架、故意破坏和缺乏悔意。虽然不良的外部影响是难以被察觉的,当被怀疑变成干扰他们的生活时,问题就更大了。

行为难测

当青少年被自我形象、身材主导的吸引力和性感觉所占据时,就会产生一种敏感性和脆弱性,这种敏感性和脆弱性会在突然无法解释的敌意和情绪波动中表现出来。

挑拨离间

挑拨父母之间的矛盾是不应该容忍的。这对所有相关的人来说都是一场灾难,尤其是对孩子的个性发展而言。有些挑拨离间的方法是很明显的,有些则更微妙,需要微妙的响应。虽然父母之间的关系是最常被利用的,但兄弟姐妹之间、学校和父母之间也可能会发生这种情况。每一种情况都需要予以应对,不能允许这样的想法生根发芽。

试探

试探是一个关键的过程,但不一定总是有意识的过程。常见的特征和例子如:"我能逃脱多少惩罚?""成年人会如何有效地应对我的反应?""他们是一贯公正的吗?"更重要的是,"我周围所有成年人的反应都是一样的吗?"同样,当青少年面对新老师时,他们也经常会试探新老师。

平起平坐

这是另一个有趣的现象:即一个青少年接受建议,把他/她自己塑造成家庭内外的一个成年人或权威人物,并因此感到平等。这种将每个人都视为平等的尝试令他们产生了一种看法,即没有人比他们更好。事实上,一些重要的成年人的疏远是健康的。与寻求成为"好朋友"相比,这种距离更能起到支持作用,也更有影响力。

无原则的善良

一些青少年表现出一定程度的顺从,从长远来看,这对他们来说可能是灾难性的。无论在家还是在学校,他们可能会受到言过其实的表扬,这体现在大人在批评其他孩子时说,"为什么你们其他人不能像约翰尼一样?"而这会导致不切实际的自我价值感,使其与其他青少年保持距离,其他青少年会认为这个人是个"老好人"。而当自我强化的完美渐渐消逝,幻灭随之而来,它就成了一颗定时炸弹。在极端情况下,它可以导致个体疏远他人,害怕接触,甚至陷入一个绝望的状态。

　　　　　　　　　　对话青春期:父母、教师和青少年生存手册

冒险性

与其说冒险性与年龄有关,不如说其与自我调节机制的变化有关。这是一个生物过程,不易受教育的影响而改变。它本质上是跨越生命的各个领域而无须思考的活动。在冒险行为中,寻求刺激和新奇感占主导地位,对后果的态度尚未形成;当然在同龄人面前可能丢面子也是一个重要因素。刺激冒险的因素是恐惧和兴奋的混合。这种冒险对人的一生都很有吸引力,如角斗士、斗牛、赛车和跑酷。而且冒险行为中灾难的可能性增加了成功的兴奋感。在青少年中,这些情绪会被强化。他们强调赌博、毒品的效力,以及某些性行为和帮派的作用。

调皮捣蛋

将其包括在这里是为了哀悼它的逝去。无伤大雅的调皮和兴高采烈是成长过程中完全本能的部分,应该理智地被对待,然后继续前进。在一定程度上,这些行为甚至应当在学校被鼓励!但当代文化似乎要求严惩任何小的捣蛋行为,这是适得其反和破坏性的。就让孩子们继续调皮捣蛋吧!

当基本情况发生改变时:分道扬镳

托尼:我们一生都要面对分离和失去。它是人类生存的基本组成部分。还有其他对青少年影响深远的家庭解体，如搬家、慢性病和/或收容、父母失去工作或地位、监禁，甚至失去宠物。但仅次于失去亲人，对青少年来说最严重的事件是父母离婚和/或父母分居。

赫尔伯：就离婚和分居而言，可能有三种分居方式：好的、坏的和漠然的。不可避免地，在不同的时期，它们之间会有重叠。而最初看似好的东西，最终可能会变成非常糟糕的东西，反之亦然。

不好的分居是刻薄的、自我困扰的事情，在这期间孩子们也连带受到了伤害。漠然的分居则是当孩子们长大了，有了自己的生活，夫妻俩随着时间的推移慢慢分开。最好的则是那些选择保持朋友关系，过着不同生活的夫妇，他们在一段时间内与子女进行了理智的交谈，使他们能够适应新的现实。他们尽了最大努力，从实际和情感上思考对子女的影响。这就很好。

托尼：在一些情况下，离婚有积极的一面：例如，当一个孩子经常成为父母之间"公开战争"的无助的旁观者时。这种情况往往会给孩子带来很大的影响，而且对任何年龄阶段的孩子都会造成伤害。而此时父母处理这些问题的方式，将对孩子们的未来产生深远的影响。

赫尔伯：无论年龄、种族、性别或社会阶层如何，离婚或分居都是一个大问题。当然这有可能会使得孩子与家庭其他成员建立更密切的关系，但也可能会产生明显的隔阂。毕竟偏袒是很常见的，而且人们也经常期望孩子们如此。

托尼：家里各个年龄段的孩子可能都会想，离婚或分居是不是他们的错，以及他们是否可以或应该做些什么来防止这种情况的发生。在这个身份认同脆弱的时代，青少年尤其容易受到这些情绪的影响。让我印象深刻的是,所有那些刻薄的言语和大喊大叫都很少会让他们对父母中的某一个产生仇恨情绪。大多数情况下,他们想要的是一些平静,好让他们可以继续自己的生活。无论发生什么事,父母如果能给孩子一些稳定感和平和感,对他们来说,都是很好的帮助。而在他们做不到的情况下,就需要学校和辅导员来收拾残局了。

赫尔伯:这是很重要的一点。你把我引向了父母疏远这个令人不快的问题。一方父母让孩子拒绝另一方家长,甚至到了孩子们被引导说出不想和这方家长有任何关系的程度。很多人可能都认为拥有监护权的父母不会鼓励孩子与另一方进行接触,但事实上,在很多情况下,事态恰恰相反。因为这不可避免地会引起孩子的负罪感和表达深层情感的困难。多年后,他们将会对不知对谁忠诚和为了和平做出的选择而感到愤怒和沮丧。

托尼:家庭破裂常被认为是引起社会问题的一个原因。考虑到家庭环境的多样性,这想法似乎过于简单。

赫尔伯:在任何社会中,不稳定和家庭破裂都会导致一系列的社会弊病。就儿童而言,这些问题包括潜逃、吸毒、无家可归、可能面临终止的正规教育以及心理健康问题,这些问题本来至少可以通过某种表面上的家庭团聚加以遏制。即使来自家庭的支持是微弱的,但完全失去家庭的支持会让年轻人感到迷茫。

托尼:当我们看全国,甚至全世界时,家庭破裂似乎是一种现代的常态。英国 15 岁就不与父母共同生活的孩子的数量是经济合作与发展组织(OECD)平均水平的两倍,而且英国也是欧盟中单亲家庭比例最高的国家之一。

赫尔伯:关系破裂在英国已经泛滥成灾了。据记录,在 16 岁至 24 岁的青少年中,有 10％的人会因为感情破裂而花一个月或更多的时间在家上网,尽管上网不一定只是局限在家。但更令人担忧的是人们对家庭破裂的接受和顺从。而从离婚诉讼中删除过错条款可能会让情况更糟。

托尼:为什么呢?删除过错条款似乎是一件非常好的事情。它应该会减少一些尖锐的言辞。

赫尔伯:离婚越容易实行,离婚的可能性就越大,而且往往没有经过周密的计划和事先考虑。1971 年改革之后,离婚率大幅上升,随着离婚条件的放宽,誓言和承诺的不可靠性,离婚率将再次上升。由于这个国家几乎一半的婚姻已经以离婚告终,家庭破裂将成为普遍现象。也许对成年人来说是可以接受的,但对孩子来说就很糟糕了。

托尼:我同意你关于离婚变得越来越轻率的观点,但任何有助于做出明智、冷静的决定的事情,尤其是涉及儿童的事情,都必须是积极的。你会建议家里有孩子的父母无论如何都要团结在一起,前提是不要当着孩子"公开开战"? 或者你是否接受这样的说法:一个不顾家却实现了个人抱负的父母对孩子更好?

赫尔伯:我们怎么可能反对父母的幸福对孩子有好处的观点呢? 然而,以一种非常随意的方式对待离婚是一种自我放纵。我记得有一对夫妇当着孩子的面说,如果离婚没有如预期的那样成功,他们随时可以再婚!想想看!

托尼:我们把时间往回倒吧。首先,当父母关系有可能破裂时,在相对较早的时候对孩子敞开心扉,从长远来看只会对他们有利。当一段关系出现混乱时,敞开心扉是一个艰难的决定,但对孩子来说,信息不充分可能是非常有害的,所以应该在一切可能的情况下以孩子能够理解的方式处理。

赫尔伯：让孩子们为不可避免的事情做好准备，对事情发生的原因有所预期，这有助于防止两件事发生：一是认为他们可能需要以某种方式承担责任；二是错误地认为一切都会过去，每个人都会永远幸福。尤其是对于年龄较大的青少年来说，他们会感到家长没有考虑到他们关于居住地和未来生活方式方面的想法和情感。对家长来说，一个实际的问题可能会对孩子产生深远影响：例如，临时搬家。最好的建议是尽可能多地告诉你的孩子他能应付的信息。这并不容易：因为给太小的孩子过多其无法处理的信息，会增加孩子的痛苦。

当分离会严重影响家庭生活时，要记住以下几点：

1. 同居的伴侣，无论结婚与否，在决定改变目前生活前（即离婚或分居），都应该从家人、朋友或专业人士那里寻求某种调解。这是父母欠孩子的。

2. 尽可能地开诚布公，尽你最大的努力以一种能被理解的方式来告知这一信息。

3. 鼓励讨论，包括大家庭和朋友，如果这是有益的，他们不会偏袒任何一方。

4. 倾听孩子们的担忧，有些对你来说可能是微不足道的事，对他们来说却是很重要的。

5. 反复肯定你对孩子的爱。在离婚的情况下，父母双方都应该这么做。

6. 永远不要在孩子面前贬低你的另一半。

7. 确保所有人都接受未来与未居住在一起父母一方的联系是绝对必

要的。如果可能的话,避免令人恐惧的、有损心理的公开敌意。

8. 不断地向孩子们保证新的安排会很好地进行,并举出其他家庭在类似情况下取得成功的例子。

当基本情况发生改变时:失去和丧亲之痛

托尼: 死亡是不可避免的,这在任何年龄段都是我们经历过的最痛苦的心理打击,但有一些证据表明,现代社会处理死亡的各个方面不如过去几代人有效。在寄宿学校生活的有益经历之一就是一个人能体会到生命的脆弱。不只是家庭中长辈的死亡对青少年的影响,还有他们不得不面对学校里的人,特别是他们的同龄人的死亡。在我 40 年的学校生活中,大约每隔三年就有一年的时间,学校不得不处理一名学生的死亡,原因不一,包括道路交通事故和脑疟疾。现代社会倾向于净化死亡,这使得死亡问题更难处理。

赫尔伯: 亲人的死亡是一种创伤。从心理学的角度来看,最好通过证明死亡的终结性来处理死亡问题。这意味着即使是小孩子,也要参加葬礼和宗教仪式,更不用说青少年了,这可以消除令人不安的幻想产生的可能性。原始文化总是会接受这种终结性,我们也应该接受。

失去父母的情况比你想象得更为普遍:在发达社会中,约有 5％的儿童在童年或青春期失去父母。丧亲之痛在任何时候都是令人难以接受的,但对青少年来说尤甚,他们整个人格发展的过程,自我意识和认同感,都在此时被残酷地打断了。这就导致许多发生在青少年时期的常见难题有所变化,并以不可预测的方式展现出来。这在很大程度上取决于死亡的性质：有多出乎意料以及在什么情况下发生。

托尼：对突然死亡最明显的反应似乎是内疚，这带来了一种未完成的感觉——"我希望我说过……"——并引发了做一些至少看起来能让时间停留的事情的欲望。

赫尔伯：一些治疗师建议来访者列出一份内疚感和愿望清单，或许是通过为相关慈善机构筹款或自愿到临终关怀中心帮忙来留住记忆。

托尼：死亡仪式很重要。在某些方面，青少年似乎比成年人更善于处理这个问题。在葬礼或追悼会上，我听到的最有力、最感人的话语来自年轻人，他们没有什么技巧，但是却很用心。这样的场合对于我们所有人都很重要，尤其是对于儿童和青少年。那种认为青少年甚至小孩子应该远离悲伤的想法是很奇怪的。我们需要倾诉，就像需要抚慰一样。

赫尔伯：突然丧亲的一种常见反应是学习成绩下降，这是抑郁和焦虑导致的，这种情况可能非常严重，以至于需要个别辅导。自我造成的社会孤立也可能是一个问题。在大多数情况下，家庭内部足以提供照顾和支持。但一个家庭永远不应该回避寻求外部支持，因为这是一件很自然的事情。在涉及父母自杀或突然失去双亲的情况下，专业帮助是必不可少的。

托尼：我想知道它的影响和创伤性离婚有什么不同。分离、内疚和愤怒在两种情况下都存在。在某些方面，丧亲这一情况更糟，因为人们觉得离婚本来是可以避免的。在所有这些情况中，失去的感觉是最深刻的。

案例研究

托尼：下面这个来自赫尔伯案例手册中的案例阐明了一些我们在前面

讨论过的关于离婚和基本变化影响的特征,也涉及家庭生活中的重要主题。

    尽管詹姆斯在交流时呈现出了一个讨人喜欢的 14 岁男孩的形象,但他举止悲伤,表情沮丧。他是由他的父母介绍来的,他们对他最近在家里的不良行为感到担忧,尽管在所有其他的场合里,他的行为都被描述为典范。

    这个家庭由两个婚姻幸福的人组成,他们都有很好的工作,并对生活中的各个方面保有积极的看法。16 岁的女儿一点也不需要人担心,这个曾经幸福家庭的所有问题似乎都归咎于詹姆斯。这一点在这对父母和他们的儿子一起接受采访时就已经很清楚了,而詹姆斯在最初的讨论中几乎很少发言。

    基本情况就是这样。詹姆斯的父母,认为自己家庭幸福、生活优越,便有责任将他们的幸福分享给那些不那么幸运的人。因此,他们通过正常程序代养了一个和詹姆斯差不多年纪的孩子。第一年的情况很好,三个孩子和睦相处。那个被寄养的孩子艾德,也很快融入了这个家庭并成为其中的一份子。一切似乎都发展得很好也进行得很顺利,因此詹姆斯的父母毫不犹豫地申请完全收养艾德。经过一年的寄养,他们很容易地获得了批准。

    就在这时,詹姆斯在家中的表现变得更加失控和具有破坏性。这一变化出人意料而且完全不符合詹姆斯的性格。对于家中其他成员来说,这一情况变得越来越棘手,他们深感不适与力不从心。艾德尤其感到不安,他开始对自己的存在似乎是这个家庭分崩离析的原因感到痛苦。

单独一个人时,詹姆斯向我透露,他曾经对两年收养期发生的一切都感觉很快乐,但直到他的妈妈明显把更多的时间放在艾德身上的时候,一切都不那么快乐了。他曾私下质疑过妈妈,但是她振振有词地解释说,在成为一家人之前,艾德的生活曾经是那么不幸与困难,因此他比任何人都需要更多的关爱,所以艾德必然成为她关注的中心。而詹姆斯的姐姐米莉似乎不受其扰,继续在家里和学校里度过快乐充实的日子。然而,她也逐渐对詹姆斯的要性子和无法预料的行为以及对家庭生活的影响感到厌烦。但她对艾德没意见,艾德对她也是如此。

虽然旁观者清,但没有一个人,尤其是詹姆斯的妈妈也没有,能够理解他在看到艾德取代他在家中地位之后的做法。真正让他感到难受的是在所有普通的兄弟间的争论中,他的妈妈总是认为他有错。"毕竟,亲爱的,你必须要认识到艾德曾经过得很糟糕,现在我们首先应该给他每个孩子都有权得到的东西。你得体谅并且尝试理解为什么我会把这么多精力放在他身上:你一直做得很好,因此你也不需要像小时候一样妈妈花很多时间和精力来照顾你。"结论显而易见。现在的情况主要对艾德有利,但对于詹姆斯来说这意味着他损失了很多那些曾经享受的理所当然,而当他感觉需要的时候,这些关爱也不复存在。

他们进行了几次家庭会议来重塑边界和促成理解,去接纳已发生的事并且在各方面进行调整。詹姆斯的妈妈发现最难的是去理解并重新调整那些根深蒂固的行为,但在指导和建议以及家人的支持下,她付出了极大的努力来公平对待两个男孩。

这种对家庭动态的扭曲极大程度上导致了詹姆斯应对青春期正

常挑战、情绪以及理解时遇到的问题的恶化。之后的随访显示他的看法已经变得更加积极。

同理心

过去，人们认为同理心是在青春期很晚的时候才发展出来的一种能力。但是现在，人们相信它可以从更小的年纪开始发展，而且不必遵循父母的榜样。热情友好、关怀善良的哥哥姐姐可以为他们的弟弟妹妹树立良好的榜样。这似乎是一个双向发展的过程。理解和展现同情与同理心不同，理解不包括认同他人情感的概念。

同胞争宠和欺凌

最近的研究表明，这些家庭问题可能导致晚年精神疾病的发生，甚至是精神病等严重疾病。受害人和加害者都可能因此遭受痛苦，特别是如果父母或者其他人没有足够早地解决这个问题的话。众所周知，言语欺凌的危害远大于肉体伤害。要知道忽略什么以及何时进行干预并不容易，但是直觉通常是最好的引导。重要的是，当连续不断且严重的欺凌行为成为家庭动态时，无人可以安然逃脱惩罚。

温尼科特和贝特尔海姆

两位家庭和育儿方面的重要专家保证：足够好的父母能够提供绰绰有

余的育儿服务。在20世纪50年代,唐纳德·温尼科特(Donald Winnicott)写了一篇关于"足够好的母亲"的文章。三十年后,布鲁诺·贝特尔海姆(Bruno Bettelheim)将这一观点更新为"足够好的父母"。尽管社会发生了种种变化,但两人都在家庭方面展开了广泛的研究,即使现在,他们的书也是很好的读物。从本质上讲,"足够好的父母"消除了追求完美这一负担,并且围绕着如何确保年轻人在身体上、情感上、社会上甚至精神上的需求得到充分关注。

青少年最需要从成年人那里得到什么

文化行为和期望可以使世界各地的青少年经历显得非常不同:例如,在看待性别角色、饮酒、家庭责任方面确实有不同的方式。然而,当涉及青少年最希望从在他们生活中有着重要意义的成年人那里得到什么时,都有一个显著的共同点。从上海到芝加哥,从德里到德班,青少年都表达出了非常相似的冲动和需求:他们希望成年人对他们诚实并给予他们信任。

这似乎是一个显而易见的说法,但令人震惊的是,成年人经常对显而易见的事情视而不见,尤其是在涉及自己孩子的时候。这些品质看似是不言而喻的,但它们只有在被违反时才更受重视。

诚实

青春期的孩子,尤其是13到19岁的孩子,有时会显得很滑头,对真相的认识很模糊,因此总能从他们口中听到他们希望父母和老师能诚实。互联网上充斥着有关如何教导青少年诚实的建议：我们被告知，他们是自我陶醉的，需要非评判性的父母作为"情感教练"，而不是评判者；父母可以从传声筒、价值观讨论到"实践出真知"中得到13种、6种或者20种来向青少年灌输诚实观念的方法，但是被忽视的往往是一个简单而明显的事实：即作为孩子榜样的父母才是最重要的。

"诚实"这个词对于不同人来说有不同的含义。谁来决定什么是诚实？强烈的道德或宗教信仰可能会让人产生一种笃定感，但对于大多数人而言，诚实并不是一个条条框框或静止不动的东西：它是流动的，并会对环境做出反应。但只有当它根植于潜在的、不变的真理中时，它才会起作用。青少年往往对他们所看到的成年人的虚伪非常敏感，特别是在家里。

信任

在青少年的心目中，信任来自边界、一致性、大人不说露骨的谎言、觉得自己有发言权。特别是在青春期中段，年轻人真的需要明确性。正如我们已经注意到的，他们倾向于黑白分明地来看待事物。灰色地带会使他们感到困惑，导致他们丧失信仰。容许孩子在家吸食大麻，然后把他送到有严格管控毒品的政策的学校，这是在为孩子设置障碍。面对不良行为，笑一笑耸耸肩就算了，这是对青少年的忽视。不（彻底反复地）解释为什么情况一定要这样，即使它看起来不公平，也是在制造混乱，破坏信任。

青少年如果觉得父母高高在上，把不合理的标准或期望强加给他们时，他们的反应往往很糟糕。有时候，青少年是对的，但他们可能用一种咄咄逼人、以偏概全的方式来表达，这是需要处理的。打压青少年的明显愚昧的主张会加剧师生或亲子间的不信任感。尽管很耗时，但是这些是值得讨论和检验的。

有些家长发现这很难说："我不知道答案，但是在我看来……"谈论不完美——无论是逻辑上的还是情感上的，无论是青少年自己的还是他们的父母的，都是健康成长的关键部分，都需要精心培养。

第 5 章

性

托尼：作为全方位发展的人，我们需要一个道德准则和一种目标感；我们还需要一个连贯的性认同。无论以何种方式，性意识对于所有人都极为重要；鉴于现如今人们能公开表达性，也许性意识比以往任何时候都重要。

赫尔伯：甚至在青春期开始之前，儿童就对他们所认为的男女之间、父母之间的性别差异表现出浓厚的兴趣。弗洛伊德学派和其他人已经写了大量关于到什么程度对异性父母有吸引力成为一种特征。即使是在10岁出头的年纪，父母也能经常观察到孩子的变化。男孩开始对母亲的性别特征特别感兴趣，他会关注到母亲吸引人的地方，甚至可能会做出并看着或触摸她的乳房等举动，也有可能会问出令人尴尬的问题。而女孩则会对父亲表现轻浮，意欲挑逗。

托尼：然而，当我看到他们在中学的时候，无论他们的内心感受如何，男孩和女孩都已经竖起了强大的心理防线。

赫尔伯：从青春期前期到中期的性行为与青春期后期以及成年期的性行为不同。在这个阶段，孩子们很容易被激起性欲，实际上，有可能会被激起过多的性欲。尤其是对男孩子来说（原因显而易见），这会让人感觉害臊。然而在早期，这些孩子在传统情感意义上没有显露任何欲望。性欲发展得有些晚，无论有没有同性或异性的出现，性欲都会引导孩子作出相关行为。这是尝试过程中的一部分。从广告、电视节目到电影院，等等，日常生活中两性形象的展现都对这一切产生了很大的影响。

托尼：当谈到年轻人的性行为时，他们受到的影响比过去大得多。在过去，从父母或者学校的性讲座中获得信息是很正常的，或者更常见的是，从似乎很懂性的朋友那里获取信息，但是这已不再是常态。搜索引擎的出现以及平板电脑和手机的普及使年轻人能够以一种杂乱无章的，有时甚至是夸张、扭曲的方式了解到比过去更多的性知识。至少在西方社会，学习性知识一直是比较随意的事情，但现在却很混乱。

赫尔伯：我们正在研究在自然界准备为人父母的初期第二性征的变化（乳房发育、肌肉生长、声音变化等）。这些变化不仅是身体上明显的变化，而且是情感上和社会上的变化。重要的是，荷尔蒙的活动水平肯定会影响性欲被唤起的感觉，但是每个人受影响的方式不一定一样，这将更多取决于已经纳入他们心理发展的许多变量，以及由他们周围的家庭和同龄人群体中的社会因素决定的变量。

托尼：性爱有时候被刻画成好像有一种能压倒一切的生物学需求，尤其是对于男孩来说，为了体验快感并释放紧张感而与他人发生身体上的性关系。这似乎是我们最早的性觉醒的一种推动力。

赫尔伯：情况完全不是这样。男孩们在十几岁甚至更早之前就开始自慰，在某种程度上来说，是为了确认自己的男性特征。他们对女孩并没有那么感兴趣，尽管其中可能有一些幻想的成分。与其他男孩进行比较是一件大事，就算是尝试也是如此。在一个全男性环境中进行这种尝试是最舒服的，而且几乎总是伴随着取笑、尴尬、笑声和某种压抑的真情。到了18岁的时候，超过80%的男孩能使自己达到性高潮，做同样事情的女孩有近50%，但男孩自慰的频率是女孩的三倍。

托尼：在我们社会的某些地方和世界范围内，手淫仍然被视为一种异常现象，甚至是一种罪过。这是否能解释为什么在英国调查中剩下 20％的 18 岁男孩无法使自己达到性高潮呢？

赫尔伯：对于一些男孩来说，当然有宗教和社会的限制，而且附近的社会群体的影响力可能是很强的，但也有一些年轻人对性反应水平较低，或者事实上，他们有时被称为"性冷淡"。女孩对手淫的要求似乎不像男孩那样强烈。当有一份良好的成年男性联系或男性崇拜时，最初的女性气质感就会得到最好的发展。这可能是来自父亲、老师、叔叔或者年长的表兄弟以及家庭朋友，他们除了让女孩自我感觉良好外，一点儿也没有诱惑力。

托尼：一般来说，手淫已经越来越被人们接受并且被认为是一种健康的行为，但是时尚的习惯也随之发生了变化。口交曾被视为极其亲密和私密的事情，但现在似乎已成为年轻人之间性接触的起点。

赫尔伯：是的，口交现在似乎可以与亲吻和抚摸相提并论：它被认为是一种安全的行为。但事实并非如此。性传播疾病可能会通过口交传播。

托尼：我们谈到了很多父母要考虑的担忧，但是我们还没有谈到榜样。无论是男孩还是女孩，都有幻想的榜样，比如演员、运动员、流行歌手以及年长的个人，无论是否是同一性别的，他们都试图在自己的着装、言语、举止甚至态度方面去模仿榜样。这是很自然的，而且经常是无害的，但是我想知道在互联网时代，当涉及性行为时，榜样在多大程度上已经变得扭曲了。对性及其难以预料的后果了解不足的年轻人是很容易受到伤害的。那么您觉得父母应该在什么时候开始与孩子谈论性呢？

赫尔伯：这是一个非常有趣的问题，因为传统的性启蒙教育似乎已经逐渐淡出历史。如果将性过程的教育留给父母来做,那么往往是无效的。这与所谓的原始社会有何不同?谁有一套通用几代的方法来告诉年轻人并培养他们的性角色?谁才是阅历不深的人呢?

托尼:关于学校采取的方法,也可以说是大同小异。我们稍后再谈论这个问题。

性别认同

赫尔伯:现在"性别认同"这个词被广泛使用。它意味着个体对自己在性别光谱中所处位置的个人感觉。在大多数情况下,它是出生时的性别,因为有明显的解剖学特征。性取向不一定是一回事。"性别表达"是另外一个层面,其指的是男孩或女孩通过声音、衣服、头发和举止等表现出来的方式。"性别不安"则是指混乱和不确定的情况。

托尼:在汉娜·施林普顿(Hannah Shrimpton)撰写的一份报告中,依据 2018 年 7 月益普索(Ipsos Mori)民意调查的结果显示,在 16 岁至 22 岁的年轻人中,66%的人将自己描述为"完全异性恋"。有 33%的人不这样认为。统计数据显示,最年轻的一代正在"被更多、更开放、更随意的态度所影响。他们成长在一个性别并非简单的二元对立的时代,他们的身份认同受到了更广泛的质疑。这是一个全新的时代,并影响着人们对性别、性取向和身份的更广泛看法"。

报告显示,每 5 个英国的十五六岁孩子中就有 3 个认为性取向是一种可滑动的尺度,在这个尺度上,性取向有可能在中间的某个地方。您对这报告中的结论感到惊讶吗?

赫尔伯：是的，我很惊讶。在相对较短的时间内看到这种转变是令人震惊的。直到 1967 年，沃尔芬登法案才确定同性恋不是一种犯罪行为。尽管有一些明显的同性恋者受到宽容对待，大体上被接受——像本杰明·布里顿（Benjamin Britten）和他这一代的演员们——大概是理解他们的癖好没有太多展现出来。但许多同性恋者的日子却很不好过〔人们就想到了艾伦·图灵（Alan Turing）〕。而这还是相对简单的同性恋问题。性别模糊在那时还是不可想象的概念。

托尼：我们经常使用性别和性这两个词，好像它们指的是完全一样的东西，但它们并不相同。我认为性认同是解剖学层面的。

赫尔伯：并且出生时在外观上便已决定的，因为个人特定的染色体部分能决定身体外观以及体内的情况。

托尼：正是。然而性别是一种心理学上的社会术语，涉及个人对自身在性别光谱中所处位置的识别。

赫尔伯：性别是一个人身份的重要组成部分：一个人是男是女，还是介于两者之间的感觉。换句话说，说得难听一点，性别认同介于耳朵之间，而性认同介于大腿之间。

托尼：从生理上看，每个人似乎都是天生或男或女，很少有人将两种性别合二为一，就像雌雄同体一样。但是即使对于年幼的孩子来说，性别认同也可能成为一个问题，不仅会给个人带来困扰，还会让周围人感到困惑。您认为性别认同在什么年龄段会成为家庭的问题呢？

赫尔伯：可能比你想象的还要早。根据伦敦的塔维斯托克中心的报告，年仅 4 岁的儿童就曾向英国国家医疗服务体系（NHS）寻求有关性别问题的帮助。大多数寻求帮助的儿童处在青春期中期，但有些甚至更年幼。

这一关键的变化已经逐渐消除了对性身份讨论的大部分耻辱感。这也许是上网的一个积极方面，因为在网上，很多东西都被讨论、接受，甚至在某些情况下似乎是可取的！虽然一般的家庭医生不太可能为 16 岁以下的人开具激素阻断剂，但他们确实可能会开一些延迟青春期的激素，以便评估实际情况。

托尼： 在性身份混乱方面，尤其是对于年幼的孩子来说，父母会感到非常困惑和焦虑。他们应该如何处理呢？

赫尔伯： 既不鼓励也不劝阻：让男孩玩娃娃，让女孩玩枪，以便他们能够在以后的阶段找到自己的性别水平。目前，这是一个极富争议的话题，并且由于周围成人世界的阴谋诡计会使年轻人越来越感到困惑。如果所有其他方法都失败了，还可以选择转诊到塔维斯托克这样的专业中心。在那儿，儿童可以得到完整的评估计划，未来的治疗方案也可以得到确定。如果经过全面的医学和心理评估后医生认为合适，则可以从 16 岁开始进行激素治疗，18 岁进行手术。不过，有一种观点认为，大多数人在 16 岁之前就已经进入青春期，此后在心理上改变性别的难度更大。

托尼： 人们通过多种方式来感觉自己的性取向，绝大多数人认为自己是异性恋者。您提到了成见的减少，但是对于那些不属于异性恋主流的人来说，他们在学龄期间面临的最大问题是他们的感受、行为和相貌，以及实际上，他们在多大程度上会被欺负、被污名化和被孤立。

赫尔伯： 在 21 世纪，从一个校长口中说出这句话，坦白来讲有点悲哀，但在某些领域改变正在发生。

托尼： 我们必须要面对现实。在过去的几十年中，我也目睹了一个重大变化。在适当的环境中，年轻人在遇到个人情况时，可以做到开放、支持和鼓励：他们会团结起来。然而青少年的从众本能是一只棘手的野兽。就算是同一个人，如果他本来支持的人同他在一个群体中，他也可能会粗鲁地、报复性地进行辱骂。因为这种情况经常在学校中出现，需要解决的是群体动态问题。目前，性别认同的格局似乎一直在变化，这对于学校来说都很困难，更不用说父母了。因此，我们有必要尝试在这种格局上提供一些参考。

赫尔伯：性取向被定义为一个人对另一个人（可能同性可能异性）产生身体上和情感上性欲的方式，并不意味着任何一种活跃的性行为在发生。

托尼：对父母来说，这一点非常重要：这是一件情感而不是身体上的事情。

赫尔伯：过去我们总是用以下三种类别来区分性取向：当对象为异性时是异性恋；当对象为同性时（男或女）是同性恋；或者如果在不同时期或者永久地被两种性别吸引的时候就是双性恋。大多数人会转移阵营，吸引力会发生变化，尤其是在青春期进程完成之前，通常是 25 岁以后。最终认为自己属于上述任一性取向的年轻人不一定会宣布自己的身份，直到他们觉得做好"出柜"的准备之后，这意味着他们已经达到了一个阶段，觉得这样做有一点安全感。有许多研究在年轻人的感觉方面得出了类似的百分比。大部分的研究要么来自美国，要么来自西欧。

托尼：关于性的调查本身是流动的且不同的。在每一次公布的调查中，似乎都会出现新的、有时是相互矛盾的统计数据。凭经验估计，大多数调查往往低估了实际情况。重要的是，在过去的几十年中，人们对讨论性问题的态度是开放的，也是愿意讨论性问题的，这是一个明显的变化。

赫尔伯：围绕性别认同的不安全感可能是引起大量自我反思、情绪困惑和压力的原因。许多年轻人立场摇摆不定，发现自己变来变去的，这只会加剧绝望和困惑的感觉。对于家人和朋友来说，这可能是个问题，家人和朋友可能想知道，如果某人真是同性恋，他们应该怎么做。喜欢化妆、变装或者接受某种特殊的说话方式，这些表面迹象都不能成为判断任一性取向的确凿证据。比如，我们经常会遇到一些婚姻幸福、有孩子的娘娘腔的男人。虽然越来越多的名人"出柜"，也并未受到几年前会受到的骇人听闻的谴责或批评，但许多公众人物在公开性取向方面仍持谨慎态度。这毕竟是私事，应该得到尊重。无论出于何种原因，"被出柜"都意味着一种背叛。

托尼：每个人都应该保持谨慎，这一点不足为奇。性别认同的权势之争可能是激烈痛苦的。例如，2018年7月在伦敦的LGBT"骄傲游行"，遭到了一个名为"Get the L Out"的小型激进组织的劫持。该组织声称要通过攻击跨性别运动来提升女同性恋权利。他们认为跨性别运动是"保守的"而且"强化了性别歧视的刻板印象"。情况错综复杂。无论是对公众人物还是对青少年而言，如此不容异己的做法都会阻碍包容开放的目标的实现。

赫尔伯：这个世界就如万花筒一般千变万化。定义一些术语（请参见方框）可能会有所帮助，但需要注意某些术语可能很快就会过时。

托尼：尽管错综复杂，但是其基本信息肯定是关于坦诚的慷慨和对所有人多样性差异的宽容接纳。而能将这个看似分裂的联盟统一到一起的观念其实是一个很简单的道理，那就是尊重他人。

性别认同（GENDER IDENTITY）是一种个人的、内在的、文化的、情感的过程，这个过程通常可能不会被外部世界察觉。这也是一种心理认知，可能与解剖学层面的定义不同。

解剖学的性（ANATOMIC SEX）是指出生时由明显的性器官决定的性。

间性人（INTERSEX）是指一个人出生时的性特征不符合典型的男性或女性的医学定义。

过渡（TRANSITION）是一个人为了表现出与出生时完全不同的性别身份而采取的行为方式。从男性过渡为女性或者从女性过渡为男性的现象，已被越来越多的人接受和理解，但是对于那些后来觉得有必要通过激素或甚至通过手术进行**逆过渡（DE-TRANSITIONED）**的人来说，这仍存在着隐患。

跨性别者（TRANS）是各种性别认同与生理性别不相符的人的总称。比如，**异装癖者（TRANSVESTITES）**，指并不总是同性恋者，但是喜欢穿异性服饰；**跨性别者（TRANSGENDER）**，指可能生来是男性但情感上感觉像女性，或反之亦然。这是一个性别认同问题，可能是异性恋、同性恋或者双性恋。

性别酷儿（GENDERQUEER）往往是一种反对顺从性别期望的政治立场。

QTIPOC 是酷儿、跨性别者、间性人以及有色人种的合称。

跨性别体现（TRANS-EMBODIMENT）是人们充分欣赏、赞美、看待自身能力的一种方式。

性别流动性（GENDER FLUIDITY）意味着更多地关注一个人的性别倾向。它要求人们放弃先入为主的、传统的关于性的定型观念。

顺性别(CISGENDERED)是指非跨性别者的性别认同与出生时被指派的生理性别相一致。

双性恋(BISEXUALITY)是指渴望并有能力与同性和异性发生性关系,但其发生率是非常难以确定的,因为很多人在被询问时不会说实话。事实上,它比人们以为的更常见,而且存在于人生的各个阶段。

上述所有术语以及其他性别认同的术语现在都在被广泛使用。最近用来形容性别和性取向的术语变体和子变体数量突然增多、范围突然变广。该领域错综复杂,有大量重叠的地方困惑着专家们,更别说家长们和青少年们了。

性少数群体(LGBT)是最初的、相当简单的且范围宽泛的领域,它们过去容易被人理解,可能也因此被人接受。在这个首字母缩略词中,L = 女同性恋,G = 男同性恋,B = 双性恋,T = 跨性别者和变性者。

更新潮一点的变体是 **LGBTQQIP2SAAK**。新类型有:QQ = 酷儿和性别存疑者,I = 间性者,P = 泛性恋者[对任何性别认知的人都感兴(性)趣的人:此概念反对性别标签化,即使它本身就是一个标签!],2S = 双灵者(其灵魂通常在两种性别认同间游走),A = 无性恋,A = 盟友(不属于上述任何一种,但支持性少数群体的人),K = 性变态者(有异常性癖好的人)。

一些结果

赫尔伯:可以客观地说,即使在当今时代,对于很多人来说,公开坦诚地了解和讨论性取向话题依然十分困难。当我们谈论年轻人时,情况甚至更糟。一项针对将近 30 万 20 世纪 60 年代后期年轻人的美国研究持续了近 40 年,旨在试图确定那段时期发生了什么变化。继 20 世纪 60 年代的性革命之后,女孩初次性行为的平均年龄为 18 岁。仅仅过了 30 年,这一平均年龄就变成了 15 岁。

托尼: 由于电视机、小屏幕、广告、杂志等的影响,人们对性行为的了解比以往任何时候都要早得多。即使对于 10 岁出头的儿童来说,性行为也已成为理想的选择。问题是虽然他们有很多信息和想法,但他们根本没有做好充分的准备。他们已经具备了参与性行为的生理能力,但其情感和心理内涵却远未发展到性行为所涉及以及所需的水平。

赫尔伯: 的确如此。与青少年交谈时,很明显,对他们而言,性意味着充分的性交。就您和我这样的专业人士而言,任何导致性满足的正式接触都应该包括在性的概念内。这包括抚摸、亲吻、相互手淫、口交等。

托尼: 不仅是对于年轻人来说,对于与他们一起工作的人来说也是一样,这可能是一个令人困惑的情况。

赫尔伯: 观念正在发生变化。有趣的是,尽管青少年可以将除性交之外的所有活动归类为"非性行为",但我注意到,在女性中处女的定义并不像以前那样明确。还有许多其他的身体交流,通常在色情文学上会得到一定认可,比如肛交的发生率不断提高,这是试图避免怀孕并且让处女膜完好无损的尝试。不言自明的是,在某些社会中通常仍需要完整的处女膜才能结婚。而肛交就是满足此类追求的做法。

托尼: 可以说,少女怀孕的问题比几年前少了很多——至少,未成年少女怀孕率已经大大下降了。

赫尔伯：我们仍需关注，并且我们需要继续作为一个社会集体，积极教育我们的男孩女孩有关怀孕的风险。大多数青少年似乎都知道他们应该尽一切可能去避免这种情况。但如果这种不希望出现的问题发生了，就可能会引发流产、堕胎、生产过程中可能出现的排斥反应、孩子父亲否认亲子关系以及 DNA 调查等一系列事件。

托尼：我关心的是对性态度的改变所带来的心理和社会影响。最近，我与一个聪明、口齿伶俐的 18 岁男孩进行了一次长谈。他描述了他所在群体的行为特点，即随意的、头脑一热的、不假思索的、经常性的、短暂的性行为——通常但并非总是在酒精或毒品的作用下进行。而这些对他来说已经稀疏平常。不管是这个男孩还是他的女朋友们都不打算通过性行为发展恋爱关系，他们认为这本身就是一种孤立的行为。他对此感到满意。但他接着描述了他的同龄伙伴对任何事情都缺乏担当。他哀叹那些男孩没能履行承诺坚持足球训练（他是这支球队的队长）。我问他看到这两件事情之间的联系了吗？他琢磨了片刻，然后说他认为他的朋友们经常"萍水相逢地与他人产生一夜情"，但是他和他们都不会改变。

赫尔伯：我现在更关心的身体方面的问题。尽管意外怀孕是头条新闻，但更危险的是性传播疾病（STDs）的流行。

性教育

赫尔伯：只确保孩子们了解所有有关性的生物学知识以及性关系的乐趣和陷阱，您觉得这样的学校是失败的吗？尽管课堂上会讨论更多信息，但让人惊讶的是，越来越多的年轻人正在依赖不可预测的 YouTube 等，而不是他们在学校学到的东西。

托尼：我认为这一要求对学校有点苛刻。多年来，正规性教育的质量已有所提升，但其必然性受到了限制。学校应该只是这个综合性的问题的其中一个因素。英国政府最近将性爱关系与性教育（RSE）纳入课程中，这是向前迈出的一大步。这节必修课既包括基础知识，也涉及淫秽作品、黄色短信、网络欺凌等危险因素。父母的意见很重要，然而这里存在一个问题，即父母有权在不顾及后果的情况下坚持让孩子退出这门课程，这可能会使一些年轻人不知所措，而这时互联网是他们可以私下获取信息的唯一渠道。也就是说，年轻人会对性感到好奇并且找到各种可能的途径去发现更多相关信息，这是自然现象。而互联网只是帮助他们了解性知识的另一种方式。

赫尔伯：目前似乎已经达到了几乎所有种类的性教育都来自互联网的地步。年轻人的恐惧和疑虑更容易被一个或多个"专家"所解决，而专家会指出他们行为的错误。英国、美国都有一些视频博主在这么做：比如美国的拉奇·格林（Laci Green），据说她与 150 万订阅用户讨论与性有关的各种行为方式。

这种现象已扩展到世界其他国家中。这一方式可以处理困惑与害怕，有关 LGBT 的、一致性的、同性恋关系的以及其他无法在像班级这样的集体中谈论，因而变得难以消解的焦虑。好处之一是，孩子一旦出现焦虑便可以立即获得建议。我并没有在其中看到任何淫秽的东西。只要信息多源且得到证实，年轻人就能够有效进行自我教育。大多数人也足够聪明，懂得去检查许多信息的来源。

托尼：如果他们还不会合理怀疑，那么我们就应该教他们：高度怀疑是必要的。当年轻人与互联网打交道时，三角互证信息源经常被提及。首先，基本可靠的信息源应该是生物学方面的，它听上去足够直接，但是如果老师笨手笨脚地处理这类相对保险的信息，则可能会让年轻人比以前更加困惑。想要正确处理并不容易。我曾看过一位生物老师用囫囵吞枣的方法来搪塞全班的男孩女孩。我看到，听课的老师看起来很尴尬，甚至很不安。作为医生，您对生物学教学有什么期望吗？

赫尔伯：应该要切合实际、遵循事实、头脑清晰且不论是非。所有的这些元素都是必需的。年轻人需要能够信任自己所获取的信息并将信息与生活串联起来。

托尼：您会从几岁开始教孩子性知识呢？

赫尔伯：我不愿意用具体数字来设限，因为成年人应该时刻做好给孩子讲解性知识的准备。重要的是，成年人应该保持诚实、开放的态度，并根据儿童的年龄以及智商/情商来提供适当的信息。如果父母问如何给孩子讲有关死亡的事情，我也会如此回答他们。

托尼：在放学后，我曾碰到过许多躲躲闪闪逃避问题的父母，也碰到过越来越多教了孩子过多不必要性知识的父母，这么做实际上会让孩子感到焦虑。您所说的"提供适当的信息"往往意味着保持简单。

赫尔伯：的确如此。对您来说，如果要教儿童在学校里处理好与成人和同伴的关系，除了在课上教生物，还有哪种方法是更有效的呢？

托尼：其核心在于某种形式的辅导安排，通过该安排，老师可以与学生建立更充分的关系和更高水平的信任。这可以是面对面的交流，也可以是小组讨论，还可以巧妙利用较大班级的资源：每所学校中的每个孩子都需要与负责任且反应热情的成年人建立联系。即便如此，仍有许多老师没有准备好以这种方式来支持孩子。我记得曾有一位数学系主任过来要求我撤下他所有的辅导安排。理由是这不是"他的事"：他认为自己只是教室里的一位数学老师，对自身没有其他期望。

赫尔伯：那您是怎么处理这件事的呢？

托尼：我向他解释了为什么我认为这是所有老师的核心角色，并且尽管我们会尽全力去理解他的职位，但如果他真的不想这样做，那么他来错学校了，并且可能选了个错误的职业。值得称赞的是，他回应了挑战，我们取得了一些进展。我们需要受过良好培训的老师，并且能够自在谈论人际关系中的性问题，这与教生物是完全不同的事。

赫尔伯：现在，父母/监护人/成人的角色似乎比以往任何时候都重要，但通常他们自己会感觉没有安全感。寻求帮助的途径有很多，比如，与自己的医生聊聊是可行的，但是碍于面子或常常难以预约，都可能是无法克服的障碍。在这种情况下您会建议其他什么支持方式呢？

托尼：首先，我会寄希望于那些谈论性或其他事情时更有把握的家长或者朋友。学校应该保证咨询服务畅通：虽然目前服务供应不全，但是假以时日，咨询服务会成为常态。此外，还需要借助社区医生（general practitioner，GP）团队的力量，其中有专业的护士和临床心理学家，在某些情况下还有提供社会服务支持的成员。

赫尔伯：我会建议增设志愿部门和官方组织，如少儿心理卫生服务（CAMHS）。然后在配备国家部门的基础上，还要有像儿童热线（ChildLine）一样的志愿组织，就如同我们讨论过的，在互联网上寻求"虚拟朋友"的帮助，需时刻牢记小心谨慎。

性传播疾病

性传播疾病发生率大大增加，包括一些像梅毒这样被认为是历史性的疾病。感染不需要完全的性交：抚摸、亲吻、爱抚也会感染性传播疾病；怀孕预防措施不能确保安全。马桶座通常不会传播感染：未消毒的针头会！我们应该意识到一些关键问题：

淋病和衣原体（Gonorrhoea and Chlamydia）——其现在对抗生素具有抗药性。可能会导致不孕和影响健康怀孕。

单纯疱疹病毒（Herpes Simplex Virus）——男女生殖器部位都会出现水疱。目前尚没有明确的治疗方法。在表面无症状的情况下仍然可以感染他人。

人类免疫缺陷病毒（Human Immunodeficiency Virus，HIV）——导致获得性免疫缺陷综合征（AIDS），即艾滋病。艾滋病最初总是致命的，虽然现在仍无法治愈，但对艾滋病的测试和治疗都变得简单了。将来可能会借助接种疫苗来防护，但隐瞒病史并传染他人是犯罪行为。

乙型和丙型肝炎（Hepatitis B and C）——均会引起肝脏疾病，并可能造成严重后果。乙肝可能会自行消失，但丙肝，即使无症状，也会引起长期困扰。现在可以进行治疗。

人乳头状瘤病毒（Human Papillomavirus，HPV）——年轻人中最常见的性传播疾病。通常没有症状，所以很容易传播。容易引起尖锐湿疣，并可能导致口腔和生殖器癌变。预防性疫苗应该给所有青少年使用。

滴虫（Trichomonas）——一种阴道或阴茎中的寄生虫。可以治愈，但要直到不适和瘙痒变得异常严重时才能诊断出来。

梅毒（Syphilis）——梅素一直很流行，直到青霉素出现。经过很长的静止期后，其螺旋体已经产生了抗药性，现在又回来了。首先可能表现为一个可以自我治愈的简单溃疡，但是病毒有机体仍然存在于体内，会损害身体的许多部位，尤其是大脑。

生殖支原体（Mycoplasma genitalium，MG）——尚未广为人知，但此问题日益严重。可使用抗生素治疗，但其耐药性正在增加。患病者排尿时或骨盆部位感觉有烧灼感。

任何焦虑情绪、任何身体症状或者生殖部位的任何异常情况都意味着必须要去看医生了。医务人员见过类似症状并且会保密。不管有多困难，父母都需要建议年轻人尽早寻求医疗帮助，并鼓励他们确保让性伴侣也意识到这一点。

毋庸置疑的是，预防是最好的治疗方法：请认清现状、了解事实并评估风险。

出柜

托尼：被社会团体接纳的感觉是一个人的本能的愿望。在十几岁的时候，个体往往能强烈感受到这种渴望。这就是为什么对性取向坦诚如此困难的原因。青少年察觉到的别人的反应,尤其是来自同龄人和父母的反应,都会加剧青少年个人的不确定性。有人说,"出柜"和"被出柜"之间有很大的区别:前者是自愿的,后者是一种背叛。

赫尔伯: 想象有两个人站在一个非常深且很冷的湖的一边。一个人已经做好跳湖的充分准备,穿上了潜水衣,训练有素,戴上了护目镜,充满自信并且认为自己能够应付未来的事情——为真实或想象的后果做好准备。而另一个人则是感觉自己是赤裸裸的,被暴露在外面,害怕寒冷,不确定自己是否会游泳,被不确定性所束缚并且对未来危险的前景充满困惑。这个被推入湖中的人就是"被出柜"的人。无论被推出的动机如何,结果都可以是一样的:屈辱和痛苦。

托尼: 然而我已经目睹了西方社会在态度上发生了翻天覆地的变化。当我倾听十几岁的男孩女孩谈论性取向和性别流动性的时候,他们的语言比以往任何时候都更加柔和大方。虽然在小组交谈中,他们常常不屑一顾,甚至有些冷酷无情。然而,最大的变化就是与那些有胆量谈论自己性别身份的人打交道。在这些情况下,孩子们在青少年中期到更大年纪的时候几乎都会得到积极的反应,因为朋友和同龄人对待特定个体的情况可以表现为非常支持,有些时候甚至令大人自愧不如。

赫尔伯: 我认为您的提议是正确的,这个问题对于父母而言,通常比对青少年朋友来说更成问题。对家庭的调整可能非常棘手,而且对于双方而言,认识到对感情敏感和接受现状是自然且正常的,这一点很重要。关于什么话父母不该说,我的建议是:当一个年轻人出柜时,父母可能会想对他们说"不管情况如何"他们都会爱他们。这样的话容易被这样理解——暗示同性恋是不正常的甚至是可憎的。最好像这样说:"我猜到了,我很高兴知道，这对我爱你，我会一直爱你不会产生任何影响。"

托尼： 我回想起一对父母，他们感觉他们 2 岁的儿子可能是同性恋。他们对此感到坦然，但是一直什么都没有说。直到儿子 15 岁的时候，那时，他们温柔地问儿子是否想谈谈他的性取向。他们的儿子惊讶地看着他们，说他一直都晓得父母知道他是同性恋，这绝不是个问题。他感觉到自己是被爱着的而且是正常的。

赫尔伯： 必须强调一点，世界上没有所谓的医学或心理治疗法可以逆转性别认同。一个人是什么就是什么。而且，他们的性取向只是他们如何发展并与整个世界联系的很小一部分。我还要补充的是，如果一个家庭过去对 LGBT 群体表现出热情和宽容的态度的话，那么性别转化就会变得相当简单了。任何以前对他人的贬低或过分批判都会不可避免地导致孩子出柜成为一个非常困难的过程。

托尼： 您是否有遇到过向您寻求转化治疗的病例呢？

赫尔伯： 是有一些。人们寻求转化治疗通常是基于这种想法："你的问题是你还没有遇到真命天子或真命天女。缘分到了的时候，你绝对会感觉幸福的。"显然不是这样的。转化治疗其实更应该是针对抱有这种想法的父母的。说服他们这样做常常意味着一场噩梦——有时候孩子还会偏离正轨。话虽如此，现在社会的态度、相关团体的"骄傲游行"、新闻上的信息、自愿出柜的名人以及许多其他因素已经在一定程度上减轻了受影响的个人的压力，更不用说治疗师的了。

托尼： 当一个青少年一点也没想到会被暴露在众人的目光下的时候，我认为问题其实是更大的。这可能是一场坦诚私密的家庭讨论被旁人听到的结果；也可能是向最好的朋友吐露秘密的结果。这马上会带来痛苦和尴尬,甚至是屈辱,而这对于人格发展的影响更为深远。我看到男孩女孩的生活因此被搞得一塌糊涂,无论是出于多么善意的动机,都是一种背叛的行为。

赫尔伯：而且这可能会导致极端行为。我和许多有自杀念头甚至企图自杀的男孩女孩打过交道。这种极端反应在所有社会中都存在,在那些对性别意识有着明确规定和一成不变的限制的社区中,这种反应尤其严重。在如此关键的时刻,有一些组织可以帮助年轻人。其中一个是 Befrienders Worldwide,它覆盖 29 个国家/地区,并且能够根据求助者的生活文化环境提供适当的支持。另一个是 Stonewall。目前已经出现了越来越多的可供使用的网站,能够给予青少年帮助并为他们提供切实可行的建议。

色情作品

赫尔伯：即使是很小的孩子,也可以获取色情作品,这会导致并非完全符合这个年龄段的好奇心和兴趣,继而会导致没有任何真实的情感准备就开始的盲目尝试和对身体刺激的追求。换句话说,孩子们看着眼前发生的事并对人际交往到底是什么产生了曲解,更不用提爱与喜欢了。

托尼：然而色情作品似乎满足了人类的某种需求。它仍然是互联网上最繁忙的活动。您觉得为什么会是这样呢?

赫尔伯：出于多种原因：幻想,即时满足,娱乐,以及令人上瘾的特点。虽然成人可以选择自己想要的娱乐方式(然而,即使是对某些成年人来说,观看色情作品的习惯已经被证明是毁灭性的),但我们尤其应该为儿童和青少年考虑。色情作品就像浓烈的酒精饮料一样,从大脑发育和情绪健康角度来看,确实对年轻人没有好处。年轻人的任何过度放纵似乎都可能导致大脑的异常发展,并导致不确定的结果。这很容易让人感到困惑、使人衰弱:"我与他们不一样。当我感受不到那样的感觉时,我该怎么假装成那样呢?"

托尼:您在谈论的部分原因似乎是年轻人的大脑还没有发展出辨别和自我保护的能力,但这也与即时性和速度有关。年轻人可以带动整个世界来回应他们指尖的需求,这有时意味着激烈而令人恐惧的经历,同时也特别令人着迷。没有比禁果更好吃的东西了!

赫尔伯:网上的色情作品可能导致个体对性行为产生正常或不正常的认识。随着时间的流逝,个体的心智最终发展成熟,却没有循序渐进地去了解更多的性知识。过去,这种成长可能是通过与朋友讨论获得的,也可能来自杂志和书籍,或者仅仅来自想象。现在这些都是能马上获得并且是大量获得的,赤裸裸的色情作品只需轻轻点下鼠标。即时色情的浪潮是事实,也是我们生活的一部分。在学校的这些年,您都在解决这个问题,您对父母会怎么说呢?

托尼:我推荐以下做法,无论如何都要严格管控色情作品的获取,聪明的青少年都会想尽办法拿到。所以首先要保持冷静,不要过度反应。对性的好奇是完全自然的。坦诚、冷静的对话是将这种虚拟体验拉回现实的最佳办法。不要指手画脚。如果父母认为不堪的行为反复发生,而且对话似乎没有效果,父母真的非常担忧,那么就可能需要专业的帮助了。父母可以这样说,"我们都需要帮助——我们无法应对",作为家人,这是表达关注的一种方式。父母不应回避表达自己的感受,应将其置于不减的、支持性的爱中。与对待青少年的所有行为一样,请评论行为本身,不要评论人。

第6章
饮　食

饮食习惯

赫尔伯: 由变形虫到斑马,所有生命的最基本的要务都是获取营养以求生存。然而,现代生活,尤其是在西方,饮食失调问题相当严重。这似乎是一种自相矛盾的说法,但这也是我们自食其果。我们非常关注摄入量,但摄入的正确食物量经常太少,这在以前通常是贫穷和饮食不良的结果,或者吃了太多不该吃的东西,从而导致腹泻和呕吐。饮食习惯是精神健康和社会价值的准确晴雨表。

托尼: 在我的工作生涯中,饮食习惯发生了巨大变化。在我的童年记忆中,无论是在学校还是在家里,吃饭都是固定的流程。一家人坐在一起,尽管饮食观念已经改变,但仍考虑了均衡饮食。近年来,越来越多的人,无论是成年人还是青少年,都是边走边吃。生活似乎更加忙碌了,规律的用餐时间在成长过程中要么被打破,要么变得次要。然而任何时代都在变,这些真的重要吗?

赫尔伯: 这些非常重要。年轻人需要规律饮食,这不仅仅是一个给身体注入燃料的问题:用餐时间提供的情感营养与身体上的一样多。吃饭的时候,家庭成员可以了解发生了什么,彼此在做什么,并评论和谈论他们的经历。这种仪式性的行为现在已经比较少见了。在这方面,寄宿环境的生活,无论是学校、学院还是大学,对年轻人来说都有明显的好处。

托尼：近来几乎所有杂志或报纸都在提供各种各样的饮食建议。

赫尔伯：部分原因是为了应对人口中不断增加的肥胖症，而且更多证据表明饮食失调，特别是 2 型糖尿病，现在正成为整个发达国家不得不应对的最昂贵的卫生服务领域之一。

托尼：作为学校老师，让我印象深刻的是，有规律的饮食习惯不仅对身体有影响，而且还会影响大脑的组织方式。

赫尔伯：这是人类经验的损失，吃饭的固定点在很大程度上被其他活动所取代，比如看电视——可能是看一档无休止的烹饪节目。

托尼：我们已经谈过一些因饮食习惯不同而失去的东西，但通常是当——

赫尔伯："习惯"一词在这里非常重要，因为习惯给了我们连续性，以及我们日常生活中的一些可预测性意识。

托尼：常规是将习惯正式化的一种方式。我向年轻人传达的一个重要信息是，它们可以给人以自由。拥抱它们可以使人腾出时间去做其他事情。常规给出了一个固定点以让人体生物钟找到一个稳定的节奏。这是单向的吗？现代人的习惯是否能够改善这种情况呢？

赫尔伯：嗯，它当然是好的，营养食物在我们当今社会比以往任何时候都更加充裕。尽管如此，仍有一些地区的儿童没有得到很好的喂养。他们可能会得到大量食物，但其中大部分可能是劣质的食物，含过量的碳水化合物和糖类，而边走边吃和在微波炉中加热预先购买的食物会加剧这种情况。这些食物含有许多添加剂，有些可能是有害的。

托尼：如何对年轻人进行良好饮食习惯的教育呢？当我担任校长时，相对来说，很少有时间正式地教授饮食习惯。学校会对学生饮食进行监督和非正式谈话,生物课程中还含有健康饮食的各方面内容,就本身而言,这个问题是否应该在学校里成为一个有意义的话题呢?

赫尔伯: 这是个有趣的问题。年轻人在哪里吃?在学校?和朋友一起?还是在街上?他们在这些不同环境中吃的东西质量如何,他们应该如何了解什么对他们有好处,什么对他们没好处呢?即便有人告诉他们,他们会不会注意呢?

对大多数青少年来说,最重要的影响是他们的朋友在做什么。很多时候,如果晚上有活动,青少年会选择出去吃饭,他或她会尽快离开去和朋友吃饭,如果在家里已经吃过一顿父母精心准备的食物,甚至仍会再吃一顿。教吃什么好是在家里进行还是在学校进行最好呢?方法不同,但目标相同:尝试去告诉他们而不是试图对年轻人发号施令,告诉他们什么对他们是长期有益的东西。不管用什么方法,年轻人都需要知道,他们现在吃的东西将对他们未来成长、发展和长期健康产生影响。他们需要了解自己的身体机能,以及它是如何保持身心健康和有效运转的。

托尼: 那么,在帮助青少年养成终身健康的饮食习惯方面,可以给家长哪些实用的建议呢?

赫尔伯: 从本质上讲,喂养就是爱,因此年幼的宝宝会在定期和需要的时候从母乳和奶瓶中获得安全感、稳定感和可预测性。营养状况良好的婴儿逐渐长成幼儿,然后是青少年,而在青少年时期,突然间一切都变得不同了。在家喂养的重要性比以前降低了,食物的质量和数量也是如此。当一个年轻人在家里或与朋友暴饮暴食,或者根本不吃东西,甚至到了饭点,人就不知所踪,这可能会让父母感觉苦恼。

托尼: 从社会角度看,传统理想上晚饭应是一天中相互交谈的固定时间。鉴于这种习惯已经基本消失,取而代之的是边看电视边吃饭或者什么都不做,现在您对父母寻找合适的谈话时间有什么建议吗?

赫尔伯: 吃饭就是补充营养,但集体一起吃饭也是一种补充情感营养的方式。如果不能做到这一点,不在一起的家庭就会经常失去一些非常宝贵的东西。

托尼: 所以您是说这种损失是无法弥补的吗?

赫尔伯: 是没办法补偿的,因为情绪和学习过程在家庭动力学中影响很大,如果被其他影响因素所替代,孩子可能不一定会进入健康的成人期。

托尼: 一起吃饭能加强家庭内部的情感纽带,但它对行为是否也有明显的影响呢?

赫尔伯: 令人惊讶的是,一起吃饭的人往往会以相似的方式思考和行动。我们明显低估了用餐时间对情绪和心理健康以及社会行为的影响。

托尼: 但大多数家庭都面临着巨大的时间压力以及其他干扰,特别是来自社交媒体的。吃饭时间有多优先? 为了围坐在餐桌旁脾气暴躁地看着对方,父母对于青春期的烦躁和排斥的痛苦应承受到什么程度呢?

赫尔伯: 所有家庭都有不同的运作方式。14 岁以上的青少年,由于青春期现象的发展,尤其是男孩,常规的用餐时间是最有必要的。青少年要与家庭断绝关系很容易,但要默默地回到家庭中却相当困难,因此这是一份真正值得拥有的财富。

托尼: 除了正常的饮食习惯,饮食失调的问题似乎也在不断增加。在放纵的西方世界,肥胖症呈上升趋势,而在贫困、不发达地区,饥饿在 21 世纪仍是一个令人痛心疾首、似乎持续存在的社会问题。在那些发展非常迅速的国家,特别是在远东地区,曾经相当罕见的饮食狂热和饮食失调,现在却相当剧烈地增加,甚至被一些专业人士认为是一种自我伤害。

赫尔伯:在不制造怀疑氛围的前提下,所有家长和老师都应该意识到饮食失调的可能性。我们稍后将讨论一些明显的迹象,早期诊断对于带来成功的结果是多么重要,我怎么强调都不为过。成年人保持一定程度的诚实和自我意识也是至关重要的,你可以从下面这个几年前的案例研究中看到这一点。

案例研究

一个15岁女孩因学校和家长担忧她的身体状况而被转到我工作的地方。虽然她的体重没有达到危险的低水平,但她在家庭环境中表现出不愿进食。她也从不在学校进食。学校也对她的总体健康状况表示担心:她不与同龄人接触,自尊心低下,感觉自己一无是处,似乎处于抑郁状态。

我们为她准备了一个家庭治疗以及个人和团体治疗方案。在这段时间,我们试图提高她的自尊心,帮她建立自信,并教她在家庭中要有自信。在整个治疗期间,很明显,家庭对她的社会行为和学习成绩有非常明确的期望。她的父母愿意参与家庭治疗,但态度没有明显转变。他们仍然希望控制孩子的生活,并认为随着她十五六岁成熟起来,获得更大的独立性是不合理的。

家里人认为,女孩厌食是在学校不开心的结果。女孩支持这一点。然而,与学校教职员工的广泛联络工作表明,他们担心孩子在家里被逼得太紧。家里人不接受这种情况,也不接受教职员工试图说服他们对她放松管控的合理做法。他们认为,对孩子的任何学业要求都是由学校全权负责。

家长不会为给孩子施加压力使其取得学习成绩的做法而承担责任。随后，该女孩离开了学校，转到另一所中学，在那里，她仍然难以与同龄人建立健康的关系，而且仍然是一个非常自卑的人。

饮食失调

托尼：谈论饮食失调似乎有些奇怪。虽然到今天人们才开始越来越关注饮食失调，但它们不是一个新现象。狂热、挑食、挑剔的选择和生活方式的信念已成为现代西方生活的正常部分。例如，饮食失调现在不仅仅包含素食主义的情况，还包括纯素食主义、禽素主义、鱼素主义、蛋素食主义、乳素食主义，等等。

赫尔伯：一个人改变他的想法就如同沙子变化那么快。我的一个孙女正在践行人们可能会称之为间歇性素食主义的主张，根据情况每周更改一次。我认为可以用食物恐新症（Food Neophobia，FN）这一新标签来概括，这一术语指的是对不熟悉的食物的一种拒绝。之后便是不容忍和过敏反应。这些都不是我称的饮食失调。

托尼：从学校的角度来看，饮食失调的案例真是够多的。我目睹过一些非常糟糕的案例，甚至会导致死亡。父母和老师常常对孩子的饮食失调感到束手无策。我看到很多男孩像女孩一样受到影响，例如，他们对代替日常饮食的健美补品日渐上瘾。对此还似乎有很多荒诞的说法。事实究竟如何？

赫尔伯：事实是，饮食失调会影响所有年龄段的人和相当一部分人口，但是在英国受影响的 125 万人中，青少年是主要群体。英国国家卫生与临床优化研究所（NICE）指南指出，在 13 至 17 岁年龄段，饮食失调的风险最高。女孩往往会遭受更多折磨。大约四分之一的案例是有关男孩的。英国国家医疗服务体系（NHS）数字显示，在过去的六年中，因饮食失调入院治疗的人数几乎翻了一番，并且这个数字还在上升。当前数字大约为 14 000，主要集中在神经性厌食症和贪食症案例上，其中将近四分之一的女孩未满 18 岁。当然，这些数字仅显示了报告的病例，实际受影响的数字可能会大得多。

早期干预对个人以及他或她周围的每个人来说都是最佳的，但令人震惊的是早期信号常常无法被察觉或常常被忽略，有时是因为老师和父母不想去相信。还有一些实际的问题，例如儿童、青少年心理健康服务的门诊预约等候时间可能长达六个月之久。

饮食失调网站 BEAT 指出，患有饮食失调的人平均需要三年的时间才能申请治疗。第一站应该是全科医生，但是必须有人提出怀疑，才能将年轻人推到第一位。自我转诊的可能性要小得多。尽管入院应该是最后的解决途径，但是由于初次诊断后的漫长等待期以及随之而来的症状恶化，最终所涉及的人数已经增加。

麻烦之一是我们对于整个问题毫无所知。2018 年，舆观（YouGov）的一项调查指出，79％的成年人描述不出任何心理症状，例如自卑或扭曲的体重认知。BEAT 指出，这就是为什么治疗延迟是这样一个可怕的、可能威胁生命的问题。他们提出了六点需要注意的问题：食物迷恋、行为改变、身材感知扭曲、注意力无法集中、饭后急需上厕所以及运动过量。这听起来相当简单，但是要发现它们就不那么容易了，因为事实上常常有人会隐藏操纵。

另一个令人担忧的问题是青少年沉迷于他们所吃食物的质量,有时会带来令人震惊的后果。医学术语为"完美食欲症"。到目前为止,这个词还未真正得到专业认证,但是具有描述性,实际上很有用。这一术语本质上是指当程序化的饮食行为模式导致限制性节食,个体将重点放在食物质量上而不是数量上。一开始只是纯粹地坚持不吃批量生产的食物,不吃任何糖,认为无麸质食品最好配以其他有机食品,这种需求发展到一定程度就需要专业的干预了。

托尼:几乎所有过量的饮食习惯都会导致问题。最好的建议肯定是永恒不变的:健康饮食与适量饮食。流传至今的很多古老智慧当下仍然适用,尽管人们在这充满选择的世界中更难看清。

赫尔伯:简单建议的麻烦在于,即使大体上是正确的,但它只能提出一个简单的解决方案。饮食的问题很复杂,通常分为喂食与进食障碍(feeding and eating disorders,FEDS),主要有四种类型:神经性厌食症、抗激限制性食物摄入紊乱(ARFID)、神经性贪食症和暴食症。我们将更详细地讨论它们。此外还包括异食癖(PICA)和身体畸形恐惧症(BDD)(在面对自己的身体外形时遇到障碍),以及其他就数量而言不太明显的问题。这些问题需要受到重视,它们绝不是自己能解决的事情,这一点我再强调也不为过。出现这些严重的情况时,需要寻求专业的帮助,通常需要从全科医生转诊至专家门诊。

神经性厌食症

赫尔伯:人们将神经性厌食症描述为一种体重恐惧症,是一种对肥胖的病态恐惧，和对纤瘦的不懈追求——所有这些都是正确的。厌食症（Anorexia）这个词来源于希腊语，意思是食欲不振。实际上，这可能是该情况下的最不重要的特征——这真的是误称，因为患有该病的人经常非常饿，但是以自己与饥饿抗争，继续挨饿为荣。

托尼：我见识过各种各样的厌食症和暴食行为，从严重威胁生命到有些小问题的过分谨慎的节食者，当然这些人最好不要理会，或可以忽略。参加一位因严重饮食失调而死的小学生的葬礼，真的会让你对这一问题的严重性产生深刻的认识。我们在这儿可以帮助大家消除一些疑问。

赫尔伯：厌食症症状几乎都是由其他人发现的，很少是患者本人发现的。这意味着，无论是谁初次从专业角度诊断个体，都必须与一对非常焦虑的父母和一位闷闷不乐、经常发火的青少年打交道，这个孩子坚持认为自己没问题，并决心要机智主动地反抗。这就是厌食症的情况，而贪食症则较少出现这种情况。对过多进食的恐惧会导致厌食症患者提出问题。

越来越多的神经性厌食症正在被诊断出来，这绝不是一种新情况。1908年，一位名叫威廉·阿布蒂（William Allbut）的医生这样描述厌食症，几乎没人可以描述得更好：

这位年轻女子因此倍受折磨，她瘦得连衣服都挂不住，脉搏缓慢而无力，体温比正常平均值低2度，她的肠道已经停止工作，头发像一具尸体的头发——枯燥、没有光泽。她的脸和腿苍白冰冷，空洞的眼睛是她活着的唯一信号。这位面色苍白的女子，每天吃的食物少得可怜，无暇自顾，她究竟靠什么活着只有上帝才知道。

盖伦（Galen）在公元二世纪描述了类似的东西，理查德·莫顿（Richard Morton）在1694年将其归因于"强烈的内心激情"，是一种紧张的消耗。

托尼：我们知道饥饿和性是所有动物最基本的欲望。回溯历史，在大多数文化中，人类因为各种不同的原因，一直试图控制这些本能。我认为这与厌食症有某种联系，即使是无关紧要的联系：怎么能以可控的方式抑制所有的食欲？

赫尔伯：这可能是独立生活的前提。禁食的概念引导人们相信对身体和灵魂的净化，鉴于它经常被用于政治领域或被用于获取同情、悔罪或净化，甚至是自我惩罚，或所有这些的结合。思索这种自我否定与"人如其食"这个不完全不足信的观念有多大关系是很有趣的，也就是说，饮食等同于个性。马克·吐温(Mark Twain)建议，成功人生的秘诀之一就是吃自己喜欢的食物，让食物在肚子里一决高下。唉，实际上这并不可信。

身体形象对于理解厌食症至关重要。无论我们认为自己多大，多高，多肌肉发达，多胖或多瘦的，我们的看法通常与外界怎么看我们无关。我们大多数人内心都有一个小人：一个缩影，是我们脑中自我形象的稳定版本，不仅塑造了自我形象，而且创造了自我价值感。在某些情况下，小人可能会失真，对身体形象产生强烈的负面看法。该情况与生活失意、沮丧和潜在的精神不稳定，并与越来越多与神经性厌食症相关。

最初，人们认为神经性厌食症是一种癔症，甚至是一种精神分裂症。一些分析师认为它实际上是一种对母亲的象征性反抗，把大肚子视作怀孕！其还被认为是一种体重恐惧症这一点可能是对的，个体沉迷于远离食物，哪怕已经十分饥饿。一个经典案例就可能是热情为他人烹饪食物的人，自己却什么都不吃：它变成了一种力量的展示。这一切似乎都与小人有关。

在做出厌食症的诊断前，我们需要排除一些其他的严重疾病。体重减轻可能是主要或者次要的,首先要排除一些其他有可能的原因。因此,确切的诊断需围绕基本的方向展开,如何涉及心理异常,则可以称之为体重恐惧症。以女性为例,要考虑一些明显的症状,例如对低温的反应,脱水,心律缓慢或面部、身体毛发增加,以及很多其他的验血项目结果都可能远远低于正常值。

关于对双胞胎的一些研究表明,即使有相同的基因框架,双胞胎对刺激的反应也可能是截然不同的。在西方社会当下这个阶段,大体上女性都希望变得更苗条,男性则希望变得更重。30岁以下的人在身高和体重上都有明显的增幅。理想变得更瘦并因此产生过度的压力呈现在芭蕾舞女演员、运动员和模特身上。他们受到崇拜不仅仅是因为他们的身形,更是因为他们的自制力。这种自制力正是青少年沉迷体重管理的重要影响因素。同时,也需要考虑家庭因素,例如家庭鼓励个人去掌控并解决日常问题的程度。在一些情况下,由死亡或者离婚导致的失去一位家长可能是重要的影响因素。

让我们把目光拉回到那个小人身上。当我们站在镜子前,我们知道从外界看我们长什么样,但是从里面,我们大脑的解释可能是完全不同的。包括动作、感觉和外貌在内的所有因素相互作用创造了我们的自我形象。我了解到,对普通个体的研究表明,总体来说,我们都高估或低估了像手臂和腿的长度、肩的宽度和一般的特征。

我们知道耳朵以上大脑的感觉和运动部分占据了这个小人的身体的绝大部分。这将在基因层面影响我们日常的运作和我们如何使用身体。例如,网球运动员会想象他们有,实际上也是真的有,更长的手臂和前臂:这些都会以一种影像的形式存在于合适的感觉皮层中。潜在的观点是,在患上饮食障碍后，大部分情况下可能是厌食症，所有的这些影像都被很大程度地夸大和扭曲了，比如看肚子比实际大得多。

这些障碍似乎覆盖了家庭内日常生活的方方面面。此外，原因看起来很复杂——很多原因的混合，不同的人有不同的原因，即使是同一个人，不同时期也会有不同原因。人只要一考虑抑郁的影响，情况就会变得更复杂。抑郁也是难以评估的，但在被诊断出的年轻人中，约有一半的人似乎同时具有抑郁症和焦虑症的特征，社交恐惧症和强迫症也是重要因素。

托尼：让我们一起尝试解决这个问题。那家长应该寻求什么，他们应该如何处理问题呢？

赫尔伯：大多数情况下，我们都在讨论女孩，但是男孩也是一样的。典型的是，很多人都有自我憎恨和孤立感：柔软的毛发遍布手臂和身体的各个部位，由于感到寒冷，他们会用厚实的衣服裹紧自己；非常忙碌，但仍然感到自己又胖又丑；对食物着迷，但只为其他人做（因此在厨房显得很忙）。体重有急剧且相当明显的下降，习惯于做出感到胖、尤其关于某个部位胖的评论，总是关注着体重秤，经常使用泻药，总是为远离餐桌找借口。对女孩来说，停经也是一个问题。同时，由于很多年轻的女性都使用口服避孕药，所以普通的闭经症状也不再适用于评估。

托尼：我们都清楚年轻人都不太愿意承认自己有问题了，更不要说关注这个问题了。我们也清楚得到专业的帮助是有可能的，但是家长应该如何搭建桥梁呢？当你深信你孩子可能有饮食障碍时，面对不情愿和刁难你的十几岁孩子时，你该怎么做？

赫尔伯：一个真实的故事可能是回答这个问题的最好的答案。我曾遇到过一个16岁的女孩，她曾经是非常受欢迎的女运动员，在学校取得成功,也在一个有爱的家庭中成长。当学校里的一个男孩,不恰当地对她使用了"大象腿"这个词时,这有可能只是他的一种愚笨的恭维,但是她认为这是对她外形的一种可怕的批评,她的情况发生了非常剧烈的变化。几乎上述讨论的所有症状都是最直接的后果。然后,家人、学校、医生花了一年多时间才劝服女孩寻求治疗代替住院。这个进程相当长,包括了家庭疗法和行为认知治疗,女孩对这些都反应良好。女孩的情况真正稳定下来过了更长的时间,在她19岁时,出现了一个爱慕她的男朋友,是出现这一情况的转折点。不幸的是,这难以描述。

托尼:正如我一次又一次所目睹的,家长的问题在于,尤其是对于那些在职场中习惯于快速做出决定与取得成果的家长来说,这件事不可能速战速决。家长需要相当有耐心,没有捷径可走。可以理解,这令人感到沮丧,但关键是家长绝对不能放弃。

暴食症

托尼:神经性厌食症是最常见的饮食障碍,也当然是我在学校里最常碰到的情况。你还碰到过哪些其他相似的症状,如暴食症?

赫尔伯:暴食症(BED)通常与厌食症相伴,但它的情况不同,暴食定期发作之后伴随着自行催吐。暴食者在短短几个小时内狂吃大量食物,丝毫不受控制,最终,他们会出现呕吐。他们经常滥用泻药和利尿剂,在禁食和过度运动间快速切换。就从症状而言,神经性厌食症和暴食症有很大的相似性,但在需要对症状进行治疗时就不起作用了。

暴食症基本上指的是在两小时周期内,消化远超正常量的食物,以及由此引发的自行催吐。摄入与失控相关，而且通常是在独处的时候，即使不饿也吃得很快。暴食症与贪食症有明显的重叠。简而言之，暴食症以太快、太饱、太丢人、太抑郁，持续三个月内每周至少一次为特征。

这样的状况时常与其他紊乱联系在一起，如焦虑症、强迫症，甚至抑郁，但是不限于此。小部分的人可能还患有自闭症。总之，这是需要迅速干预的严重问题，门诊治疗工作越多越好，要尽量避免住院治疗。

托尼： 某些情况下，我还看到了超预期的显著甚至剧烈的药物副作用，具体是哪些呢？

赫尔伯： 有很多可能的药物副作用，包括心率缓慢、低血压、肌肉流失和发力、严重缺水、可能的肾病、骨密度降低、脚踝和身体其他部位肿胀、心肌受损和可能的心脏衰竭，还会出现如贫血、便秘、长毛（身体试图保持温暖）和生长受阻等症状。除了这些，还可能出现明显的皮肤、头发和指甲干燥，以及抑郁甚至自杀的情绪波动。整个身体的健康都受到了威胁。

对于上述情况，推荐的治疗手段包括家庭治疗（family-based therapy，FBT）、认知行为治疗（cognitive behavioural therapy，CBT）、针对家庭及类似患者的团体治疗，以及针对青少年的治疗（adolescent-focused therapy，AFT）。每个案例都是不同的，这就是为什么早期阶段的专业帮助是如此重要。

体形

托尼： 我们已经在厌食症和贪食症中讨论过体形，但它仍然是一个问题，即使这些情况的症状不太明显。所有的青少年都处于拥有高度自我意识的阶段，他们敏锐地意识到自己的身体，特别是希望与他人比较。不可避免地是，别人看起来更好。这就是人类状况的一部分。罗比·伯恩斯（Robbie Burns）写道："哦，多么希望获得一种力量的馈赠，让我们看到自己，就像别人看到我们一样。"这沾点边。当大批年轻人努力冲过这个令人不舒服、有时令人烦恼，但却十分自然的阶段时，我们该说些什么呢？我觉得接下来你是准备告诉我这个问题所涉及的具体情况了吧？

赫尔伯：确实有身体畸形恐惧症。这种状况在年轻的成年人和青少年（不分性别）中极其普遍：男女占比都高达90%，女孩尤为受影响。几乎可以肯定的是，这个病里面包含的不仅仅是关于外貌、体重的问题，还有其他很多问题。许多的年轻人的这种消极感觉很可能会延续到今后的生活中。在绝大多数年轻人中，几乎所有这些都围绕着对身材和体型大小的感知，以及他们在屏幕上，杂志等上所看到的理想图像（其中许多图像都是经过Photoshop处理的）。最终，青少年将几乎不可能实现的目标强加在自己身上，结果最终是失败，其所引发的情绪后果是焦虑和沮丧。西班牙、法国和爱尔兰在2006年声明禁止在广告中使用超级瘦的模特。我支持推广此类广告在所有国家都是非法的理念。

托尼：有很多既得利益者抵制这一举动。网络世界似乎占主导地位，它会制造一些有趣的反作用。我意识到，青少年可能太过执着于他们所认为的健康饮食。一方面，这相当令人耳目一新，这是一味对瘦文化的解药，但它自身也会让人上瘾。他们的思想中充斥着一种善良的自以为是。

赫尔伯：这就是我所描述的另一种极端的症状：健康饮食症。个体对于其他人为何吃得如此差感到极其困惑。他们感觉自己充分控制了自己所认为的健康饮食，他们是有道德的，因为只消费"好的食物"。自己的外表受到称赞时,他们会感到极大的愉悦,将之完全归因于他们采用的饮食方式。我会将这种情况界定于抗激限制性食物摄入紊乱和神经性厌食症之间,不过其经常被误诊为后者。它与流行趋势和饮食有关。

关于饮食和流行趋势的一些想法

托尼: 在西方,素食主义者(vegetarianism)享有悠长并且相当光荣的历史。在过去的 100 年里,越来越多的人声称,在自己做了不食鱼肉的决定之后,不论是生理上,还是精神上,都变得更好了。纯素主义(veganism)①,是最近才出现的现象。即便如此,英国的纯素主义社团预计国内有超过 50 万的追随者。其中,女性的人数是男性的两倍,很多人选择了纯素主义的生活方式,避免使用在动物身上测试的产品,也不穿动物原料的衣物,如皮革、羊毛、丝绸和类似的东西。同时,名人代言和社会媒体加速了这一进程。据说 Instagram 上所发布的关于纯素主义的帖子超过了6 100 万个。弹性素食主义者(部分纯素主义者或素食主义者)的数目也在增加。这些都是出发点很好且有思想的人:20 世纪 30 年代,我的祖父以强烈拥护素食主义而闻名。这似乎很好——但是你也许会有一些疑问。

因为我们的进化历程和我们被创造的方式,医学人士难以理解他们的这一主义。我们有自然为我们创造的特殊的牙齿和酶,所以我们成为了杂食者:也就是说,我们几乎能够吃并且愿意吃任何东西。有些社会甚至视蛆、昆虫和其他我们非常憎恶的东西为珍贵的食物,实际上,在皮肤覆盖下

---

① 素食主义与纯素主义的区别在于后者更加严格,不摄入任何动物产品,如蛋、奶等。——编辑注

的我们本质都是一样的。因此，区别在于我们的两只耳朵之间，也就是我们思考、感受的方式不同。因此，极其严格地减少食物和饮食的种类就意味着在日常运作中我们不可避免地会遭遇一系列的缺陷。

托尼：我见过一流且成功的男生、男运动员作为素食主义者茁壮成长。他们是特例还是你把问题看得太严重了？

赫尔伯：不管我们愿不愿意，我们都需要各种各样的蛋白质、碳水化合物、维生素、纤维素和微量元素，可能还包括其他我们尚未发现的营养元素。如果我们将卡路里摄入降低到一定程度，身体就会想储存更多——通常是脂肪，这肯定不是我们所想要的。此外，经常感到饥饿，还会干扰其他心理机能和活动。纯素主义者的崛起在某种程度上可能是对随处可见的肥胖水平的一种反应。我的观点是，对健康的全面含义尚待评估，不仅是生理层面，还包括情感层面。通常导致人们出现饮食排斥的想法的并不是对于健康的追求，而是不得不杀掉和烹饪动物所引发的焦虑情绪。

托尼：所以从医学的角度，你建议大家对任何饮食排斥都要谨慎。除非有证据，或有好的理由，否则不要轻易拒绝吃某样食物。那么宣传是增强健康的——排除麸质饮食怎么样呢？

赫尔伯：首先，所有的无麸质食物的价格起码是正常食物的两倍甚至四倍：它们所含的营养更少但是脂肪更多，几乎是没有味道的，所以只能借助于更多的脂肪、糖和其他添加剂来调味。

托尼：目前在西方这种饮食十分流行。只要去看看一份平常的报纸或者电视节目，看看多少名人参与，就可以知道其带来了多少新闻报道。通过积极监测饮食和减少摄入潜在的有害食物，大家觉得自己获得了掌控力。这很容易理解，那么错在哪里呢？

赫尔伯：是的，但是只有百分之一的人患有乳糜泻，这是一种自身免疫病。患该病意味着，食用麸质会使身体产生反应，这种蛋白质存在于大麦、黑麦和小麦中。反应通常在小肠，会引发许多令人感到不安的症状，在相当年幼的孩子身上也会十分严重，例如体重减轻、疲劳、腹泻、便秘、呕吐，以及粪便发白肮脏。在成年人中，几乎在任何年龄段都可能被多种因素诱发，例如感染病毒、接受手术甚至是情绪激动。据说这是该病的遗传易感性，因此在任何阶段都有可能被触发。该病可以通过验血诊断，必要时还可以通过检查小肠进行诊断。乳糜泻是一种十分严重的病，然而，三分之二或更多的坚持无麸质饮食的人根本没患乳糜泻。

托尼：我还是能感觉到，将有潜在危害的食物从食谱中移除给了几乎所有人一种印象，那就是他们会因此变得更健康。但是，这种自我规定的饮食中存在必然的健康风险，是不必要的。由于减少了纤维素的摄入量，众所周知，纤维素能预防糖尿病的发展，肥胖症的发病率增加了：无麸质可能是这种疾病的催化剂。低纤维素摄入量增加了结肠癌和心脏病的风险，身体还有可能无法吸收到许多重要的维生素和营养物质。那些采用无麸质饮食的人的血液中的重金属（如汞、铅和砷等）含量很高，有可能是因为个体为了避免摄入麸质而过量摄入海鲜和大米。因此背后的道理很简单：除非你真的生病了，否则不要食用无麸质食品。

托尼：克罗恩氏病也是青少年可能会罹患的疾病。

赫尔伯：是的，这是一种相当严重的疾病，也是自身免疫疾病，但会引起整个肠道发炎，偶尔还会引发眼睛和关节发炎。避免麸质可能有用，但是很多该病的患者摄入我们提到的谷类并不会出现不良反应。这种病会带来疼痛和不适，需要用药甚至手术来治疗。

肥胖

赫尔伯：作为一名医学生，我对于三百年前，本杰明·富兰克林(Benjamin Franklin)办公室里的一个标牌上面写着的"我看到很少有人死于饥饿，但是死于吃的却有十万人"。这句话印象十分深刻，虽然这句话有些年头了，但它说明了一个事实，即肥胖不仅仅是现代社会的问题。在西方社会，肥胖的问题越来越严重，是所有饮食障碍的风险因素之一，更不用说可能诱发 2 型糖尿病了，这是一种严重且有可能致命的疾病。其他严重的健康问题还包括心脏病、中风，以及一些癌症。

托尼：一方面，大众媒体的报道将肥胖归因为宅家上网，对电子屏幕的痴迷、快餐与运动缺乏；另一方面，一些人，尤其是超重的人，认为基因遗传是不可能战胜的原因。那么事实究竟如何？

赫尔伯：基因遗传可能是部分原因，但是影响决没有一些人想得那么大。研究表明，无论是男性还是女性，肥胖的遗传倾向都与许多基因变异相关，并且研究人员已得出结论：健康饮食是保持健康最重要的方式。美国最近的一项研究可能有点尖锐地表明，遗传不应该成为个人对于实践和健康政策几乎毫无反应的理由。这不仅仅适用于个人，也适用于尝试解决问题的政府。肥胖的测量标准是身体质量指数(BMI)。根据性别和年龄，通过测量身高和体重得出。网络上能找到给专业人员和任何想要看的普通人的图表。BMI 数值高于 30 及以上就属于肥胖了，介于 18 到 25 之间是健康。

托尼：我认为我们看待问题的方式，就是我们对于饮食的选择，尤其是偏爱脂肪含量高的食物、油炸食品和过量糖摄入，这些都放大了遗传对我们体重增加的影响。

赫尔伯：是的，要记住三分之二的肥胖是饮食导致的，只有 20% 的才是遗传所决定的。这对于那些声称肥胖只是家族遗传，自己束手无策的人来说并不是好消息。关于我们的肠道菌群，研究者开展了一些有趣的新研究，他们发现调整肠道菌群，可能是未来对于肥胖这个棘手问题的一种非常有价值的解决途径。我们身体里的脂肪含量受到我们饮食的影响。然而，目前相关方法尚未正式形成，这也就意味着目前控制饮食还是减肥的黄金原则。

托尼：年轻人肥胖的危险程度据说已经达到了危机的程度。超过三分之一的小学毕业生被记录为超重。其中，超过 4% 是严重肥胖。这与第二次世界大战后的情况截然不同，那时候贫困的儿童比富裕的儿童平均轻 2 公斤。现在情况逆转了。为什么会这样呢？

赫尔伯：让我们正视它。现在用所谓的垃圾食品喂养孩子更容易也更便宜。这些垃圾食品包括汉堡、鸡块、超市肉类半成品、冷冻食品和便宜的披萨之类的。要购买新鲜的水果、蔬菜和鱼肉，并在家里烹饪的成本更高，而且这一过程也可能并不是充满乐趣的。新鲜的食物很容易变质，这令人很不愉快。

托尼：在英国，相当多的钱被花在制作健康学校餐食，试图为年轻人提供更多的锻炼机会，以及源源不断地给家长和年轻人提供忠告上。但是目前尚未有突破。英国 11 岁的男孩里有将近 25% 的人肥胖。这也是大多数西方国家存在的问题：希腊和马耳他的受影响人数约为 33%；受影响人数较少的国家为丹麦和荷兰，约为 13%。抛开数据间的差异，很明显，背后存在一个共性问题。

赫尔伯: 问题的一部分在于通过提供错误的信息来鼓励所谓的健康选择。这源自食品行业和制药公司,这一做法是毫无意义的。甚至政府的建议也并不总是那么准确。请记住胆固醇和饱和脂肪酸的故事、吃鸡蛋的风险和那些低脂却高糖的饮食的危害。我们失败的原因在于未能承担起个人责任,而是认为国家应当负责任:社会和教育的失败迫使保姆式国家必须介入。糖税、更加重视加工食品的成分、快餐店的搬迁、限制垃圾食品的价格促销、限制与营养不良产品相关的品牌对青年活动的赞助和向零售商提供建议——应从结账区域中拿掉的物品:现在所有的一切都暴露在显微镜下。

托尼: 国家和家庭必须承担同等的责任。这对政府来说是大问题,不仅仅是因为 NHS 需要解决肥胖率上升带来的医疗后果,需要承担巨额的花费,还因为每个家庭都需要一起参与解决问题。通常,这不仅是儿童的教育问题,也是成人社会,尤其是家长的教育问题。我们绝不能低估肥胖儿童所要面对的轻视和耻辱,这对他们的全面发展是有害的。因此,我们该如何帮助大家减肥,使他们在社交方面、身心发展方面都感到舒适呢?

赫尔伯: 首先,我要对药品提出警告。市面上有很多声称能减肥的药物,其中一些确实能减肥。但是所有药物都有不良的副作用,包括易上瘾。尽管很多人想通过胃束带手术缩小胃容量,而它确实是有效的但它并不适用于所有人。在生物学层面,减肥是非常复杂的问题。例如,胃饥饿素是一种能增加食欲和体重的激素,由胃分泌,且效果迅速。与之相应的瘦素则由脂肪细胞分泌,能降低食欲,而且降低体重方面,效果相当慢。矛盾的是,瘦素在肥胖的人体内是增加的,但他们对瘦素的作用却已产生了抵抗力,因此饥饿的渴望并没有像预想的那样停止。

托尼：这就提示我,如果有人认真要减肥,还是离不开老办法：健康饮食和锻炼,需要决心和时间才能见效。

赫尔伯：现在有证据证明老办法是管用的。例如,一项加拿大的持续10年的研究追踪了从5个月到10岁的上百个孩子。结果显示跟其他孩子相比,经常与家人一起用餐的孩子更加健康。无论是在社会方面,还是在心理方面,对孩子都是有益的,同时适量的饮食也可能对预防肥胖产生积极的影响。

托尼：这很好。但是家庭聚餐的理想已经留在了过去,与现代家庭不太相关。法国与英国的地理位置相距不远,但是饮食文化方面却与英国相差很大。在法国,家庭聚餐更普遍,学校的食物选择范围更广,也没有被许可的零食习惯。学校里禁止使用自动售货机和手机,娱乐时间用来体育锻炼,而不是游戏、发短信和吃饭。法国人对肥胖症也很直言不讳——(Grossophobie)类似一种公开羞辱,但似乎不仅受允许,甚至受到鼓励。我们可能不想一直走这条路,但是证据表明,法国儿童的肥胖症水平确实明显低于英国或美国。

赫尔伯：可能是因为他们抽烟太多。关于一天中的用餐时间,还有一个问题。另一项研究表明,晚上进食的时间越晚,胆固醇和胰岛素水平升高的可能性就越大,并会对脂肪代谢产生全面的消极影响。

托尼：吃得晚,长得胖！一些亚洲国家有晚上6点左右吃晚餐更健康的说法,这很有趣。每个家庭都有自己的安排,但是有一点需要明确,即每个家庭的安排都需要有一致性,包括要有规律的作息表。尤其是对于青少年来说,不可以养成深夜吃不健康食品的习惯。

赫尔伯：另一个维度是锻炼。NHS 为体育锻炼提供了很好很实用的建议和支持。建议经常是关于简单的小事，例如步行代替开车或公交，走楼梯代替乘电梯，为改变根深蒂固的生活方式而努力。有时这会被拿来与戒烟行动作比较，毕竟戒烟在许多方面都收获了了不起的成功。不过提高食品价格不是个可行的办法（与香烟不同），禁止不健康的食物打广告，坚持采用不吸引人、包含充分提示信息的包装，以及倡导社会反对的一系列做法，在改变思想氛围方面可能都有积极作用。

托尼：改变的核心似乎是了解—健康饮食—锻炼，并对自己和家人负责。

避免饿极成怒（hangry）

赫尔伯：我刚刚发现了饿极成怒这个词。这是饥饿（hungry）和愤怒（angry）这两个词组合的产物，现已被收入牛津英语词典。科学家已经证实，饥饿会导致烦躁情绪以及相关表现的出现。这不仅仅是因为我们过去所认为的血糖水平下降。这可能是一种受我们的性格、身体状况和当时环境线索共同影响的复杂的情感反应。

托尼：这一话题正好可以总结本章的内容！避免饿极成怒对于我们所有人来说都应该是一个不错的目标，就像避免肥胖或痴迷食物一样。家长和老师要努力创建一个鼓励青少年坦诚面对自己的饮食习惯并认真思考的环境。

第 7 章

情绪波动

托尼：这有可能是我们最难讨论的领域之一，不仅是因为每个人一路上都经历了某种情绪波动。对学校来说，这无疑是个挑战。与以往相比，情感生活在教师的思维方式和学校运作方式上具有更大的重要性。当我开始工作的时候，孩子们的情感幸福在很大程度上被认为是他们自己的事，但从一开始我就很清楚，最受尊敬的老师对青少年的情感需求有直观的理解，并会支持这些需求。不可避免地，更大的开放性使得人们对年轻人所面对的一系列广泛的情感问题有了更多的认识。

赫尔伯：造成情绪困难的原因是多种多样且重叠的，包括遗传、家庭功能、压力以及如何处理饮食。其中一种或多种可能完全正常，也可能遭遇困难，还有可能变得无所不包且危险，导致年轻人感到极度绝望甚至想要自杀。

托尼：值得指出的是，明显但有时被轻描淡写的心理疾病会出现在社会里的任一年龄段、任一宗教、任一种族或任一阶级身上，不论是富有还是贫穷，不论是营养良好还是饱受饥饿，不论是娇生惯养还是放任忽视，都有可能出现。这是每个人或多或少都要在某个阶段经历的情况。

赫尔伯：关键是大多情绪干扰都会自行解决，不能解决的话，也可以进行治疗，不应认为问题是由内在的人格弱点或社会环境导致的。

托尼：让我们从关注好的情感健康的前提开始。

赫尔伯：分享几个基本知识，描述简单，但不一定总是可达到或可持续的：

1. 身体健康。

2. 感觉在生活的关键领域得到了全面支持，对象包括家人、学校和朋友；宗教认同在某种程度上属于这个范围。

3. 具有运动和智力方面的兴趣，并定期维护和发展它们。

4. 能够参与学校以外的社交俱乐部和其他活动，并能够在上大学、参加培训以及已经开始工作后仍继续参加。

5. 保持平衡，而不只关注一个或多个可能有损正常健康的其他因素。

托尼：我们知道心情跌宕起伏是正常现象，而且本就应该这样认为。但是我曾见过一些情况下，这些正常的情绪低落被医学化，这似乎成为了一个新问题。你对从业过程中的此类情况感到困惑吗？这会让事情变得更糟吗？

赫尔伯：这种说法听起来有些道理。例如，因为有情绪波动或感到抑郁，许多大学生被推荐去接受精神治疗，这是非常有可能的。但实际的原因是目标太多或目标不可达到、孤独感、被亲近的人拒绝或者只是思念家。虽然有点勉强，但是我不得不承认，太多的全科医生处于工作压力之下，发现自己更容易开出不必要的病假条，这导致缺勤率增加了。就是说，也许英语中最糟糕的一句话就是"振作起来"。两者之间是相互制衡的，这与其他很多事情相似。做到这一点说起来很容易，但实际上即使对于经验丰富的专业人士来说，也很难真正做到。

托尼：一些报告表明，在过去的十年中，大学第一年心理健康出问题的年轻人增加了五倍。部分原因可能只是他们为了适应新的节奏，尤其这是第一次离开家。

对话青春期：父母、教师和青少年生存手册

赫尔伯：尤其是孤独，经常被误诊为抑郁。看来，我们是世界上第一个真正拥有"孤独部长"①的国家。她报告说，尽管抑郁的老年人依旧占很大比例，但抑郁仍最有可能出现在 16—24 岁的个体身上。政府对精神健康问题的认识已经朝着正确方向迈出了令人瞩目且充满希望的一步，尤其是在财政支持方面。

托尼：我看到数据显示，在英国，一千万的英国人正承受着孤独的折磨。ChildLine 最近报告说，因孤独问题而联系他们的孩子数量增加了14％，其中大多数是女孩。虽然感到孤独可能是短暂的，但反复感到孤独却可能会导致长期的障碍。

赫尔伯：如果真的遭到诸如生病或死亡之类的问题，身边却没有人共同面对困难，孤独感就会加重，很少有刺激措施可以防止或转移导致痛苦的思想。精神疾病和身体疾病之间有直接联系。互联网上所提供的建议可能是错误的。

托尼：因此，我们要说的是，所有可用的研究都表明，和朋友谈心并定期参加活动，如运动或艺术表演之类，在消除孤独感方面更有效。

赫尔伯：是的。诸如此类的大学咨询服务可能会有所帮助，也可能什么用都没有，甚至还有可能造成伤害。皇家医学会主席西蒙·韦塞利爵士（Simon Wessely）最近表示，大学过度医学化了年轻人的正常情绪，从而增加了人们对心理健康问题的反应的需要。这是不必要的支出，可能让情况变得更糟。但是，这并不意味着在如此紧张的环境中，可用资源是足够的。

托尼：那么，问题就在于，到底应该怎么做才能帮助学生们以你描述的

---

① 英国在 2018 年任命翠西·克劳奇（Traoey Crouch）为第一任孤独部长（minister of loneliness），主要负责社会孤立所带来的心理健康问题。—编辑注

那样相互联系？好的学校拥有覆盖所有人的教牧关怀，但不是所有大学都是这样的：他们能从学校运营的方式中学到很多。在出现问题的时候会提供医疗帮助，但是教牧关怀却提供得却很少，这是不合逻辑的。

赫尔伯：并非所有学校都能提供教牧关怀。NHS England 的最新数据（2018 年）显示，将近 40 万儿童和年轻人正在接受心理健康治疗。他们中绝大多数都在 19 岁以下，而且在过去两年中，这个数字增加了三分之一。治疗主要领域是抑郁、焦虑和饮食失调。

托尼：有很多人，例如慈善组织 Young Minds，他们会同意你的看法，现有的帮助还不足够。他们在谈论新的冲突。传统的原因依旧存在，包括家庭动态和学校压力，但社会媒体的影响巨大，似乎加剧了精神疾病的问题。

赫尔伯：许多全科医生不愿转诊年轻人，尽管医生承认他们需要帮助，但他们认为儿童和青少年心理健康服务（CAMHS）和其他机构的等待时间过长，这使得它们变得毫无意义。令人惊讶的是，英国 NHS 承认，只有四分之一的患有确定的精神健康问题的未成年人能够获得治疗。但这一数目在两年或更长时间内有望增加到三分之一以上！目前我们面临的问题很多，尤其是儿童和青少年精神病医生的招募数量正在下降，为年轻人寻找床铺难上加难——所有这些都集中在心理健康转诊比以往任何时候都多的时期。经常有报告称，有严重自杀倾向的年轻人排在长长的等待列表中，或被转诊到远离他们住所的治疗中心。在大多数情况下，家庭治疗对于取得良好康复效果至关重要，而如果去距离家遥远的地方接受治疗，家庭治疗就变成不可能的了。

焦虑症

托尼： 面对如此多的问题，要是退缩。以耸耸肩回应就太容易了。实际上，家庭里或学校中的所有人都能直接提供帮助。更好的理解和知识使我们有信心做到这一点。

赫尔伯： 我赞同。最初的问题应该由青少年自己进行自我诊断或者由家人、老师或朋友诊断，只有在情况没有解决的时候才需要进一步诊断。在西方社会，焦虑症是最常见的心理障碍，超过30％的人终生与其相伴。最常见的就是社交焦虑症，也被称为社交恐惧症，可能于青少年早期出现。到青少年晚期的时候，出现该症状的个体比例将达到75％。

托尼： 在学校我经常见到患这种恐惧症的学生。我记得一个高大而自信的男孩，第一次成为寄宿生时才16岁。头6个月，他大部分时间都在眼泪中度过，每次休假后重返学校对他来说都特别不容易。等他18岁离开学校的时候，他已经完全适应，成功进入了一所顶尖大学。更重要的是，他很高兴自己能坚持到底。他之所以能够做到这一点，部分是因为自身的应变能力，更重要的是因为公寓工作人员、父母和同伴的持续支持与关注。

赫尔伯： 弗洛伊德将焦虑症准确地描述为"情感领域的熟面孔"。焦虑症有约80种各式各样的表现形式，其中焦虑是主要特征，包括：酒精中毒、哮喘、与咖啡因有关的精神病、各种药物成瘾、人格障碍、原发性失眠、莱姆病甚至是I型糖尿病。诊断焦虑型疾病需要了解完整详细的病史，尤其是要排除最初可能以非常戏剧化的方式出现的许多疾病，并排除问题的真正原因。

托尼：关于焦虑的书和文章很多，这是一个需要持续研究和详细叙述的问题，这也是一个文学创作偏爱的领域。尽管如此，我们似乎仍然还有一个没弄清楚的问题，那便是焦虑和恐惧的区别。

赫尔伯：恐惧是预感到某种危险后产生警觉和反应，而焦虑虽然可能与恐惧所表现出的身体感觉相似，但却可能与任何容易识别的外在事物无关。战斗或逃跑（或冻结）的肾上腺素反应是所有动物的一项重要生存技术，包括机体的生理和生化变化以及极端的心理变化。这些反应是个人所特有的：我们不会以相同的方式经历相同的情况并做出相同的反应。我们的感受和反应有很大不同，正是这种主观性使我们作为个人而不是作为一个整体而存在。我们在电视上的自然历史纪录片中看到牛群显现的本能——动物们为了应对袭击而一起逃亡或聚在一起，我们对此习以为常。人类可能也会以这种方式做出回应，也可能不会。我们是复杂的生物。

托尼：但是，恐惧并不总是一件令人不愉快的事情。我们可能会去看一部恐怖电影或一部经典悲剧，就是要吓一吓自己，或者除除恐惧。因此，恐惧可以带来刺激，会让人上瘾。这就是促使年轻人特别钟爱从事某些非常冒险的行为的原因。

赫尔伯：内啡肽是其他驱动因素之一。这些为应对剧烈运动而产生的吗啡样物质可能是危险的，也可能是安全的，有可能是令人愉悦的，也有可能不是。肾上腺素和去甲肾上腺素在生化变化中起着重要作用，提供给我们愉悦的感觉，非常受欢迎。不仅是剧烈的体力活动会引发这种令人期望的反应：赌博、入室盗窃、超速行驶、观看危险的体育活动以及从本质上讲所有令人愉悦的引起恐惧反应的活动都会引发这种反应（请参见第8章，快乐激素）。

托尼：即使是看上去明显不那么危险的对内啡肽的反应也可能令人担忧。例如，对锻炼上瘾比赌博或入室盗窃要健康得多，但它也有自身的问题。青少年可能会沉迷于健身的性能增强补充剂。追求美丽的身材，无论是男孩还是女孩，都可能会成瘾，会使他们容易受到广告承诺的影响：吃这个，喝那个，看起来像这样。

赫尔伯：可以看出的是内啡肽具有一些更广泛的社会福利：直面霸凌，勇敢地挑战权威，在接触性运动中表现出色。

托尼：你提到这一点，我很高兴。对我来说，某种程度上的压力和焦虑是至关重要的。它能提高我们的成就，刺激我们的学习和心理发展。没有了它，没什么会发生，我们就会窝在舒适区。无论如何，我希望学校学生能表现出多一点的焦虑和压力。曾经，我与一位年长的同事，就统考前让压力山大的女孩冷静下来所需要提供的帮助进行了严肃的讨论，反而引发了对于一群看上去很放松的同年龄男孩的辩论，他们都超酷的，考完就会放松下来！

赫尔伯：特质焦虑和状态焦虑之间有所区别：前者是人格的永久慢性特征，后者是在特定情况下（例如考试）发生的短暂现象，希望让大脑在所需的短暂时间段内，保持最佳表现水平。不论是对于个人还是周围的人，特质焦虑都是不那么令人向往的。

托尼：因此，我们应该把大多数形式的压力视为潜在的福利——在一定程度上。成就带来的快感是短暂的，需要重复才能得到满足，这样我们便进入了危险境地。作为父母、老师或朋友，我们不应将内啡肽视为青少年的敌人，但当症状达到令人担忧的强度和频率时，我们就应该注意。

赫尔伯：是的，在无法控制之前，早期治疗绝对是比排队等待更优的选择。正因为如此，尽早进行公开讨论可以带来巨大的好处。

托尼：尤其是来自朋友的恐惧。对家长来说很艰巨。我曾非常担心孩子们在五六岁时发展出一种很深的学校恐惧症。

赫尔伯：这是一个困难的领域，因为一旦出现了在学术上无法表达的情况（通常在早期），就会引发对变革的极大抵制。这就是我们在第3章中所讨论的标题变得重要的地方。它们都是相互关联的，并且在不同时间有不同程度的重叠。

托尼：父母在增强孩子的胆识方面的作用众所周知：没有被赶出巢穴的雏鸟永远不能学会正确地飞翔。魔术贴养育（过度保护，过度关注，为孩子做孩子应该做的事情）几乎不足以为将来的独立做准备。这只是冰山一角：毫无疑问，越来越多的父母似乎感到需要为孩子的生活而生活，这是一种替代的快乐和自我验证。志向、支持和动力是一回事，但是痴迷于结果导向的虎妈对孩子们造成了极大的伤害。这一主题下的另一个变体是直升机父母，不像魔术贴那样专一，而是永久盘旋在孩子上方并在孩子身上投下阴影。

赫尔伯：家长需要有能力后退，并且把他们自己看成是幕后默默工作的人。他们需要提示，甚至将他们的孩子推入积极自我运作区域。适当的赞美和对成就的明显愉悦感将使良好的个性发展步入正轨。愤怒、敌对、冷漠和竞争具有破坏性。

托尼：尤其是当父母对考试成绩不佳或学校报告不满意表示愤怒或生气时。父母的挫败感可能会使孩子停止思考，但挫败感却无济于事。通常，青少年会感觉（也许是误认为）他们实际上做得很好。

赫尔伯：我们知道，青少年认为自己是沿着一条直线前进，他们对未来和总体生活的看法源于过去的发展方式。很大程度上取决于父母谈论和管理子女的成功和潜在失败的方式。年轻人不可避免地会非常认同父母，不论是正面或负面。感到受辅助和支持有助于个性发展，不断的批评和贬低则会产生相反的效果。

托尼： 归根到底是父母要做好榜样。榜样学习从整个早期发展开始，一直持续到青春期。一位冷静和支持性的成人权威形象是基石。

特殊的焦虑症

赫尔伯： 有一些特殊的焦虑症会影响到青少年。人们焦虑的表现各不相同，源于背后的文化背景，例如，恐慌症的发生率从意大利的近 3％到台湾的不到 0.5％不等。美国，不同种族的恐慌症发病率没有明显差异。然而，终生焦虑症的男女比例为 2∶3。有趣的是，在某些远东文化中，社交焦虑症与担心自己对别人有攻击性而不是自己感到尴尬有关。

托尼： 这是我在中国的经历。在世界范围内，大多数社交恐惧症都在青春期晚期前开始，以 16 岁为中位数，但据我所知，恐慌症随时可能发作。

赫尔伯： 是的，它们可以从青春期开始，也可以从中年开始。强迫症往往从青春期晚期开始。简单恐惧症，诸如害怕蜘蛛或任何其他常见物体之类的，在很早的时候出现，接着通常会消失。简单或特殊恐惧症以及社交恐惧症是常见的：也就是说，它们不需要被触发就会产生。另一方面，广场恐惧症是一种害怕在公共场所和露天场所外出的恐惧，这是一种次要现象。它是长期存在的，而突然发作的无端恐慌看起来像是广场恐惧症。对他们和周围的人来说都是非常令人担心的。

有两种通用的国际分类手册：世界卫生组织使用的美国精神病学协会的。《精神障碍诊断与统计手册（第五版）》（DSM－5）和《疾病和有关健康问题的国际统计分类（第十版）》（ICD－10），其中 DSM－5 可能是最有用的。以 DSM－5 中列出的条件为起点，家庭必须应对的主要疾病有：

一般性焦虑症（GAD）——发生于患者为日常事件感到担忧时，尽管它们看上去是无伤大雅的。

恐惧症——发生在个人认为自己的环境不安全，而不易离开时（包括开放空间、公共交通、购物中心或只是在户外）时发生。这可能导致逃避行为的极端化，人在学校几乎无法运作。

分离焦虑症——发生在强烈地感觉到分离的疼痛以至于成为一种特定的精神病诊断（在儿童中很常见，但在较大的青少年和成人中也可能会发生）。

急性应激障碍——任何创伤事件（事故、死亡、灾难等）发生后一个月内诱发严重焦虑，其特征是对现实的感知改变，难以体验积极情绪并且无法记住该事件。

创伤后应激障碍（PTSD）——发生于经历或目睹任何导致极端恐惧（死亡事件或任何危及生命和令人恐惧的情况）时。触发因素包括短暂的暴力事件，任何形式的虐待（包括性虐待）以及目击或发生严重事故。症状可能有一定的潜伏期，可能很晚才出现，通常以年为单位。这是对于所有年龄段来说都很重要的诊断标准。

恐慌症发作(包括幽闭恐惧症)令人压力大,同时非常普遍。典型惊恐发作的症状便是急促呼吸、心跳加快、头晕、神志不清、口干、胸痛、呼吸困难、神志不清、出汗等。一个典型的例子是幽闭恐惧症,当由于封闭产生的极大的、荒谬的恐惧,无处可逃会导致恐慌发作。患者会不顾一切避免触发该病。作为这一切的不合理性的一个例子,有些人认为紧身的衣服,尤其是高领的衣服,都可以引起相似的发作。一个典型的事件是目睹一名乘客在移民时被困在一个长长的、缓慢移动的队列中,脸红、恼怒、不断尖叫,最后不得不被救出,远离现场。

最好的治疗方法是认知行为疗法,也可以使用抗抑郁药和抗焦虑药,尽管这些只是暂时的缓解措施。治疗方案的部分可能包括逐渐脱敏,例如在治疗师的陪同下进入自己害怕的区域,进行放松和正念练习。

有些很好的应对方法。这些措施包括缓慢的深呼吸练习伴随短暂停顿,不断自我提醒——发生的不是真的,记住过去发生的攻击而没有任何令人震惊的结果,并从似乎会导致出现问题的活动中休息一下,例如在拥挤的平台上等待。简单走走并进行呼吸运动很可能会使发作变得更短暂。

关于所有这些问题和其他焦虑症的完整描述,可以在诸如 NHS 和 MIND 提供的网站上找到。

抑郁症

托尼: 如今谈论任何年龄段的人都绕不开令人烦忧的抑郁症。我们知道,抑郁症可能发生在生活的各个年龄段和各个阶段。如今,名人和公共人物都愿意在公共场合谈论他们的问题,这些帮助消除了关于抑郁症的污名化,几乎每个人都习惯与父母、专业人士甚至朋友保持隐私。

赫尔伯:没错,但是我们在诊断和适当应对这种潜在破坏性疾病时面临巨大困难。总的来说,青少年吸烟、吸毒和意外怀孕的人数有所减少,但精神健康问题急剧增加,这引起了世界各国政府的警觉。

托尼:"抑郁症"是一个通俗易懂的口语术语,使用起来有多种方式,主要是与可识别的可理解的悲伤有关,需要同情和普遍的安慰。我们在这里所关心的是更加严肃和根深蒂固的事情。

赫尔伯:抑郁情绪的范围包括长期苦恼到严重的精神崩溃。根据情况需要不同类型的治疗方法。专业帮助可能是需要的。我们应该随时准备征求意见,因为不愿意这样做会的话会导致极其不愉快的后果。绝大多数的患者能接受简单的生活方式改变和专业的心理方法,例如认知行为学。

托尼:公众对人们所面临的问题有了广泛的了解,但仍然存在着问题往往被否认或隐瞒的情况。我们生活在一个竞争激烈的社会。存在青少年公开考试的情况下,这种竞争力似乎超越了对精神问题的担忧。好像面对潜在的问题,就失去了孩子原本的位置。父母可能会根据孩子的成就来判断自己的效能,这是可以理解的,但是让孩子负担沉重的期望是青少年抑郁症的最常见原因之一。

赫尔伯:抑郁症状的触发因素多种多样,但有趣的是,在年轻人心中,全球局势(战争、全球变暖、不公正现象)比人们想象的还要突出。他们的意识和关注可能更敏锐。

托尼:其他的忧虑是经济紧缩,现代社会的不断变化以及前景黯淡的信念,以及漫长的医疗救助等待时间。

赫尔伯:坦率地说,任何人都可以识别的个人的、真正可理解的情况是抑郁症症状中最重要的情况。

托尼:父母自然很在意孩子在学校的快乐和表现。我们做出一般性假设,但存在一个恶性循环:不良的表现会导致抑郁,反之亦然。这两者哪个常常先出现?

赫尔伯:这是一扇旋转门:他们相互依存。自我伤害与学习成绩的下降有关,特别是在中学阶段。药物滥用也是如此。

托尼:看来,抑郁的威胁性漩涡可能包围着每个家庭。然而,临床抑郁症的诊断并非易事,尤其是在有关个人还有其他明显、可理解的因素的情况下。

赫尔伯:在二分之一患有饮食失调和大部分患恐惧症的人中,有三分之一会表现出行为失调,其他因素可能会使他们容易陷入抑郁症。

托尼:抑郁症是一个用来掩盖任何感觉的词,但是什么是真正的临床抑郁症?

赫尔伯:这个词被广泛且错误地使用着,但 DSM－5 的定义包括:情绪低落,愉悦和兴趣丧失,精力减少或无目的,躁动不安,睡眠不思或食欲不振,无价值感,绝望或内疚,持续至少两周,导致严重的困扰,无法正常工作。我们注意到的其他症状,尤其是年轻人,正在放弃他们曾经热衷的活动,拒绝上学,感到羞耻(不管出于某种原因)以及需要有安全感。

托尼:可悲的是,学校的结束并不意味着抑郁的结束。有纪录的大学生,特别是女性,排在咨询服务的等待名单上。根据法律,这些人很可能是成年人,但在某些方面,他们通常还是年幼的孩子。这不仅仅是学习成绩的问题。实际上，这可能是他们最少的担心。学生总是需要感觉自己有归属，所以他们喝酒、聚会、熬到深夜、缺席课程、同时担心钱不够、如何完成工作、考虑未来，这些复杂性交织在一起。

赫尔伯：在一个层面上，这似乎很难理解。千禧一代的生活要比他们认为的要好得多。健康更好，营养也更好，可支配收入更多，但很少有人看到一个美好的未来，他们可能会拥有自己的房屋并且没有债务。某些焦虑症始于十几岁的早期，不断的超负荷信息意味着他们比以往任何时候都更了解情况，尽管信息并不总是那么准确！

托尼：这将我们巧妙地带入了智能手机的主题。尽管手机在许多方面都很棒，但手机也是危险因素。引发抑郁的并不是太多的标题侵略（成为互联网巨魔的目标并不是抑郁必要的先决条件）：更有可能的是，随着时间的推移，自我形象和自尊心会被以一种潜移默化的方式瓦解（参见第9章，屏幕少年）。有趣的是，5—18岁的轻度抑郁症患者已经可以采用数字疗法——利用互联网恢复精神健康！

赫尔伯：年轻人中严重抑郁症的发病率急剧上升，几乎是十年前的两倍。从普通发展的角度来看，在社交媒体上花费过多时间的年轻人的发展会滞后。尽管这不是导致抑郁症症状显著增加的唯一原因，但通常情况是，越抑郁，他们越有可能在电子设备上花费过多的时间。

托尼：那治疗呢？在精神疾病发病率不断增加的时代，人们似乎对如何最好地提供帮助存在着不同的看法，尤其是在你的专业领域。

赫尔伯：让我以你可能不会想到的方式进行处理。最近的一项研究在30年内进行了500项试验，对120 000人进行了研究，得出的结论某种程度上强调抗抑郁药确实有效。这一结果一方面引起了一定程度的关注，甚至在某些领域令人怀疑,但我毫不怀疑:关键问题是使用哪种药物以及应为哪些患者开药。可以理解的是,许多关心自身幸福的年轻人和成年人强烈反对将药品作为一种治疗方式的想法,但是替代方案可能根本无法想象。尽管如此,将药丸作为安慰剂服用始终存在危险,并且很难怪忙于手术的医生求助于处方了。按照惯例,现在有超过10%的英国成年人服用抗抑郁药,但牛津大学的一项研究认为,只有六分之一的需治疗的人正在接受适当的治疗。因此,一方面,药物由于处方不当而声名狼藉。但另一方面,那些嘲笑抗抑郁药的人正在错过一些可能有用的东西。我完全赞同大型制药公司纯粹为了牟利而推销药的观点,但是特效药物的研发需要资金,否则也无法顺利进行。

托尼: 与其他形式的医疗不同,外行人很难理解因精神疾病服用药物,除非找到可靠坚固的事实依据。

赫尔伯: 好吧,《改善心理疾病服务获得》(IAPT)的年度报告指出,许多完成完整疗程的人的情况都得到了改善。在2016年、2017年140万个案例中,几乎一半的人恢复了。完整的疗程围绕谈话疗法展开,包括认知行为疗法、人际心理疗法、咨询、正念以及其他一对一或小组互动。如果处方正确,药物治疗很重要。就结果而言,有趣的是,各种族的康复情况各不相同,其中一半以上的白人种族在康复,其他民族则少些。我必须再次强调,如果其他因素(例如滥用药物)起作用,复杂性就是另外一层了。

托尼: 您谈论的是团体和一对一疗法的有效性,但似乎主要是对青少年进行药物治疗,即使如此,药物治疗也往往没有贯彻到底。

几乎任何形式的治疗都会遭到强烈的"父母式反对"。令人难过的是,我不止一次遇见过用同一种暗语的父母:"我的一个朋友遇到了问题",并非全是如此,但都是类似的表达。有一个家庭拒绝相信药物会奏效,也不相信治疗师能起到任何实际作用。

赫尔伯:欧美的一些研究表明,专家提供的简短的认知行为疗法(CBT),也可以在很大程度上减轻年轻人的抑郁症状。尽管在学校提供保密、专业的咨询服务得到了政府和其他机构的大力资助,但大多数的人认为这笔经费是不可持续的。因此,我们面临着综合制约因素:父母的消极反应("我的孩子不需要药丸/疗法"),以及有限的机构和政府的资助。

托尼:父母的谨慎是可以理解的。不管是不是事实,一些父母会认为孩子的病情是自己的责任,是自己所致,或至少是自己预防不当导致的。而他们最大的担忧就是关于保密性。学校需要证明他们所提供的咨询服务是完全保密的。我有时也会对咨询师的动机有所怀疑,因为看起来从中受益更多的不是患者而是他们自己!作为任何一所学校的准家长,我都要询问该学校关于咨询服务的事宜。他们的咨询师和治疗师是否具有正规的资质和证明,并被严格的保密条例所约束?听一所学校谈论他们如何支持患有抑郁症或面临其他困难的年轻人时,你可以了解许多他们的学校文化。

自杀

赫尔伯:对于一个家庭或任何人来说,没有什么比和自杀扯上关系更令人悲痛。而当预警信号——如先前的自杀尝试——被忽略时,更是如此。

托尼:对于以类似"替代父母"的身份参与事件的人来说,这也是个很大的难题。我已经两次目睹了直接负责接待自杀受害者的教师的职业生涯的结束。他们都深受影响，一蹶不振。

赫尔伯：很明显，情况在恶化。不同的国家对于意图寻死有不同的定义方法。为了避免不必要的伤害，死因未详的裁决记录是不稀奇的。但是，根据英国全国防止虐待儿童协会（NSPCC）的调查，在 2011 年、2017 年期间有自杀倾向并接受治疗的儿童人数从近 9 000 人增加到了 22 000 多人——多么惊人的数字和骇人的事实！

托尼：与许多人类行为一样，自杀行为的背后有着复杂的动机。或许是为了引起人们对自己的痛苦的重视；或许只是进行自杀尝试并非真正想要自杀；充分考虑到所有结果，又或许是丧失尊严或愤怒导致的失控行为，也可能带有惩罚意图（"我的父母会为对我的逝去感到抱歉"）。

赫尔伯：最好永远不要把自杀行为看做是一种可操纵的行为，甚至不要有这样的暗示，因为当事人随后可能会觉得有必要证明自己的观点。我在年轻时作为医学生在一家大型医院的急救中心工作时明白了这一点。一名 17 岁的男孩被送到医院急诊，然后死在了手术台上。他和母亲二人曾住在一栋公寓楼里，每当他们吵架时，他都在她离开家去上班后把头放进煤气炉里。他进行得十分小心，知道母亲什么时候该回来，并且之前曾有过多次类似的尝试，显然他没有打算真的去自杀。但是这一次，当他看到窗外他母亲将要回来时，就把他的头放进了烤箱，并且打开了煤气等着。他母亲停下来与邻居交谈，比平时晚 15 分钟进入公寓，最后导致了这样的结局。这是一件十分可怕的事。虽然事情发生在煤气时代，但是男孩依然有很多其他的求助方式，不是非要通过被（自杀行为）操纵。但他和他的母亲都因为羞耻和尴尬而没有及时寻求精神科的帮助。

托尼：自杀和自残曾被认为是"隐形的传染病"，因为很多的案例并没有受到专业人士甚至家庭以外的人的关注。近半数的较年长的青少年表示他们在某些时刻有过自杀的念头，尽管没有任何更进一步的行动。在学校中，实际的自残行为无一例外地与压力，甚至愤怒联系在一起，并且是自发的、计划外的、戏剧性的。令我感到惊讶的是，季节也是一个因素，有点像 T·S·艾略特所说的"四月是最残酷的月份"。

赫尔伯：大多数问题都发生在晚上和周末：许多人，尤其是年轻人，在那时会变得更加沮丧，因为他们认为别人正在外面做他们向往的事情。圣诞节前后和春季——没错，四月——也有所增加。冲动常常是驱动因素。

托尼：我也知道保密和否认似乎很重要。我承认我从来没能真正了解蓄意自残，例如割伤、灼伤和严重抓伤。这似乎是一个公开宣告，但大多数情况下又是私下发生的，自残者会穿上长裤和长袖，竭力掩盖自己的所作所为。

赫尔伯：然而，许多人表示割伤自己后会获得极大的宽慰，尽管这可能只是暂时的。内啡肽释放可能是其原因。集体自残有时也会发生，在女生中间更为常见。

托尼：自残和服药过量之间似乎存在联系，两者都是情绪困扰的表现。

赫尔伯：是的，有些人两者兼具。他们更容易过量服用乙酰氨基酚和其他容易获得的药物。在很大程度上，这是转诊到医院接受紧急治疗的最大群体，但转诊自残者是非常罕见的：他们通常会被送往精神科门诊或心理服务部门——当然，前提是他们能被发现。

托尼：多年来，我目睹了各种自残和自杀企图背后的明显动机。在我看来，真正想死的愿望非常罕见；更多的时候，这是众所周知的呼救信号。

赫尔伯：所有求助的信号都应受到重视。抑郁症是自残的一大原因，抑郁症的致病因素包括家庭或学校困难、恋爱问题、性别身份混乱、毒品和酒精、身体不适且无法应付。尽管很少有人真的会自杀，但是持续性自残的潜在伤害是很严重的。在做其他事情之前，检查意图很重要：是什么导致他们到如此地步？他们在想什么？是否有预先计划的证据？他们的诉求是什么？

托尼：模仿行为是学校真正需要关注的问题：自杀的可能性会控制青少年的想象。一所学校在18个月内发生了四起成功的自杀尝试。该社区每个人的压力都越来越大。校长承认他感到无助。回顾过去，他意识到学校摆脱这种恶性循环的唯一方法是在社区成员之间，特别是有辅导经验的成年人和青少年之间进行定期、持续、耐心的对话。没有其他什么灵丹妙药。那时，他觉得学校牧师简直就是天赐之物。他是值得信赖的中心人物：青少年觉得他会听自己的话，也愿意听他的话。

赫尔伯：使这个问题如此复杂的因素是，研究表明真正的自杀意图很难评估。

托尼：那么父母和老师如何才能提前应对，而不是被动地做出反应？

赫尔伯：成人需要对任何早期精神障碍的迹象保持敏感：性格改变、成绩下滑、臆想症、不合群以及家庭问题，所有的这些都很重要。悲观的世界观以及对周围一切事物的虚无主义态度同样可以作为死亡和灾难来临的参考。如果存在自杀尝试，确定动机如何，是否有自杀遗书，是否有其他人被告知，采取了什么预防措施来避免被发现以及时间控制等因素都需要加以考虑，这些可以在专业人士处理具体情况时起到帮助作用。

托尼：关键是要尽早做出反应，例如控制愤怒情绪和戒毒戒酒都有良好的治疗方法。另外,正如你所指出的,药物也可以起到有效的作用。然而,通常最重要的问题是说服 16 岁以上的青少年(他们已有权决定自己的行为)和父母参与。

赫尔伯: 如果其他途径都尝试过了,那么就得接受住院治疗。有大量证据表明这种方法最终几乎成功阻止了所有自杀行为。

托尼: 值得注意的是,有时候自杀企图为青少年带来的关注可能已经解决了问题。鉴于情况的严重性,几乎所有的学校和个人冲突都可以得到讨论并解决。这一点我深有体会。曾经有 4 名 16 岁的孩子服药过量,其中 1 名一心求死,另 3 名只是尝试——有两人情况危急,但所有人都活了下来。随后的对话显示,从成年人的角度来看,这种严肃尝试背后的动机相对无关紧要。即使现在回想起来,学校也很难识别出警报信号。最初的宽慰过后,对于老师和父母来说,这始终是一次令人深感不安的经历。关于抑郁症和自杀的问题,没有现成的答案。

赫尔伯: 的确没有。但在大多数情况下,还是有很多我们能做的。在青少年与成年人之间构建开放式的沟通,有助于提供有效及时的帮助。话虽如此,尽管我们已经做出了上述所有努力,自杀仍在发生。在这种情况下,当事人的家人和朋友需要得到支持和理解,以避免在此类重大事件发生后,回忆时出现病态的悲伤反应。生活并不容易。

一些其他情况

肌痛性脑脊髓炎(ME)或慢性疲劳综合征(CFS)

该病患者会感到极度疲劳,连日常生活的琐碎小事都无法进行。它可以影响任何人,包括儿童,但最常见的年龄群是20—40岁的女性。医学界对这种疾病的性质和成因存在相当大的争论(实际上连它的名称,就是现在所称的CFS/ME,也是一种折衷方案)。

诱因似乎包括腺热或其他病毒性疾病、激素失衡、免疫问题,甚至是遗传原因,因为一些家庭会有多个成员具有相同的症状。心理健康问题也可成为诱因之一,包括极度压力和抑郁,但这些不属于典型的诊断性特征。目前还没有针对这种疾病的特异检测方法,其症状与许多常见疾病相似,包括关节和肌肉疼痛、睡眠困难、无腺体肿胀的喉痛、头晕呕吐、头痛、恶心等。因此,除了观察和排除其他可能的疾病之外,没有诊断该病的明确的方法。

由于对其缺乏清晰的认识,患者常常不仅要应对自己的症状,还要面对周围人的怀疑。事实证明,家庭和学校都很难理解和同情。要压抑自己的沮丧十分困难,但对受害者及其家人来说,这种情况是真实存在的。英国国民医疗服务(NHS)网站、英国皇家精神科医学院、meassociation. org. uk和一些其他网站都提供了CFS/ME的呼叫专线。最近的研究表明,这可能是由于患者的免疫系统过度活跃。

注意缺陷多动障碍(ADHD)、自闭症谱系障碍(ASD)和注意缺陷障碍(ADD)

托尼: 有两种儿童和青少年行为对父母是极大的考验。它们与个人与周围人的适当联系和反应能力有关。近些日子,他们都有了名字和缩写:注意缺陷多动障碍(ADHD)和自闭症谱系障碍(ASD)。事实证明,给那些可能令别人感到奇怪甚至反感的行为贴上医学标签对许多年轻人来说很有帮助,因为这有助于他们了解自己正在经历的情况。不过有时我会发现一种迎合标签的趋势，或仅仅只是为不可接受的行为辩护。因此我们需要明辨事实。

赫尔伯：注意缺陷多动障碍被认为是英美最常见的行为障碍，约有5％的学龄儿童受其影响。其症状是多动、冲动和注意力不集中，大多数症状能在早期得到诊断并随着年龄增长而改善。不那么常见的变体——注意缺陷障碍（ADD）的活跃程度和麻烦程度较低。

这种情况在出生体重较轻的早产儿中更为常见。有部分是由于基因因素（例如，75％的同卵双胞胎会同时出现这种情况）；另一方面，母亲在孕期喝酒、吸烟或吸毒时也可能诱发这一现象。换句话说，遗传、环境和社会环境因素都会起到影响。

患者中男孩的数量远超过女孩，大约是她们的三倍之多。在多达三分之一的病例中，这种状况会延续到成年。患有注意缺陷多动障碍的女孩通常被视为活泼、友好、健谈、乐于助人、呆萌可爱，但可能比其他人更容易有情绪波动。患病的男孩则比较活跃和不安，因此更容易让老师恼火。与多动的孩子打交道是对良好教学的考验，例如，允许一个多动的男孩在教室里站立转圈，因为那是他思考的最好方式。

注意缺陷多动障碍在任何种族、社会阶层和智商水平都有可能出现。如果不加以诊断，在以后的生活中更有可能在性、毒品等方面有高风险的行为，并可能影响工作表现和自尊，以及引起抑郁。如果没有足够的治疗和理解，它们将会变成青春期中后期至关重要的问题。在任何情况下，由于缺乏注意力和自我保护能力，患者往往比健康的人更容易遭遇事故。反复光临急诊室会成为让父母头疼的难题。

托尼：多达10％的儿童有注意缺陷多动障碍的部分或全部症状，从学校的角度来看，我们注意到他们很难与他人发展良好的关系，无法集中注意力，因此可能被误解为漠不关心、不可靠或故意健忘（"蝴蝶漫游"）。他们总是打断别人，坐立不安，情绪激动，很快就会忘记，还想知道别人为什么生气。他们无法分清轻重缓急，也缺乏自制力。

赫尔伯：受此困扰的家长应转介给有特殊需要的专业人员或全科医生。必要的话，治疗可包括药物疗法、行为疗法和家庭疗法，并且总体而言，结果是积极的。该病与自闭症谱系障碍、图雷特氏综合症、强迫症和焦虑症有关。如果可能，诊断最好从六个月大时就开始。认为看过多电视、摄入糖分或不良的养育方式是根本原因的说法是没有根据的。在消除这些污名方面，最近已经有了很大的进展。这不是谁的错，我们都可以提供帮助。

托尼：在学校也是如此，尽管老师的回应方式大不相同，而且不一定总是有帮助，但重要的是仅将其视为正常人。所有的孩子都能学习如何有效和宽容地与班上行为不同的人相处，并从中受益。同样的道理也适用于阿斯伯格综合征患儿，尽管这有时在学校是一个更难处理的问题。

赫尔伯：阿斯伯格综合征是自闭症谱系障碍的一个特殊部分。总的来说，主要问题包括对社会状况、行为的不寻常反应，不良的沟通技巧以及普遍兴趣的缺乏。在英国，十分之一的孩子有一定程度的谱系障碍：这种情况在男孩中比女孩普遍得多，有一半的男孩有学习困难。

托尼：阿斯伯格综合征的患者似乎有非常不同的体验。我曾见过一些在特定领域有天赋的人，他们经常以一种痴迷的方式把工作完成得相当好，而另一些人可能会退缩到近乎停滞的状态。

赫尔伯：其根本原因似乎是缺少正常的过滤机制。这意味着，他们接受着来自各个方面的刺激轰炸，尤其是令人不安的噪音。有些患者会有视觉障碍，因此颜色也是刺激之一。结果是，自我隔离似乎是应对这种极端情况的唯一方法，这给大约一百万英国患者中的四分之三带来了巨大的麻烦。这种孤立会延伸到那些尴尬的看护人身上，特别是如果家长也有同样的谱系障碍，而且没有能力制定应对策略时，情况就会变得特别夸张。早期诊断真的很重要，条件允许的话，最好做 DNA 检测。适当的支持可以通过诸如家庭工作和集体治疗等来建立。将这样的儿童登记为残障儿童可能会很有帮助，因为它为父母和看护者打开了获得各种津贴和信息的大门。

托尼：根据定义，我们讨论的是关于谱系的问题。那么谱系与精神健康问题和其他残疾有什么联系呢？

赫尔伯：心理健康问题不一定是诊断的一部分，但是学习障碍可能是。学习障碍与其他障碍——如运动障碍（动作笨拙）、阅读障碍（无法阅读与识别字母和数字）和注意力缺陷多动障碍——的共性使得它很容易被误诊。主要问题在于社会互动和沟通。从很小的时候起，他们就对他人缺乏兴趣，语言发展迟缓，并重复进行不寻常的游戏活动。他们还会有明显的令人恼火的强迫症特征。

托尼：在学校，我们注意到患有自闭症的青少年倾向于避免眼神交流，而且似乎没有多少情绪化的面部表情。更惊人的是，他们无法理解或解读他人的表情，并且忽视非语言暗示。这被指责为冷漠和无礼，这使得他们很难被他人接受。

赫尔伯：我们不应忘记，高功能自闭症也是阿基米德、爱因斯坦，甚至乔治·华盛顿等杰出天才的一部分。因此它有时也被称为"天才基因"。

托尼：没错，但这并没有减轻他们与周围人打交道时经历的困难。惯例对他们来说是必不可少的，当他们的习惯行为受到阻挠时，就会引起极大的困扰。这反过来又会导致他们在学校受挫，于是自闭症青少年会被孤立和抑郁也就不足为奇了。学校是一个会让人不知所措和困惑的地方，这就不难看出为什么自闭症青少年会大发脾气。因此，有效地培训教师是关键。

赫尔伯：在需要寻求建议时，我们建议父母与残疾人协会（MENCAP）联系，他们是一家卓越高效的慈善机构。

严重的精神疾病，如精神分裂症、躁狂症或躁郁症和脑损伤，不属于本书讨论的主题。它们都需要医疗干预和持续的监督。

第 8 章
成 瘾

赫尔伯：我个人认为,任何一种成瘾都是伪装成快乐的痛苦。它或许转瞬即逝,却随时可能一次又一次地回归到个人行为中。这是一种潜在的危险。

托尼：这是一个很好的定义。但在开始讨论成瘾问题之前,我们应该先区分成瘾和习惯这两个概念。他们经常被混淆,或是被用作近义词。

习惯大体上是有益的。我们应该鼓励孩子培养良好的习惯:利用惯例带来的高效和舒适,养成在特定时间锻炼、规律饮食时间等习惯。有时习惯会变得根深蒂固甚至产生危害、难以打破,但我们是可以在没有太多情绪困扰的状态下对它们进行干预的。

赫尔伯：成瘾则是完全不同的类型。有人将成瘾形容为:来自几乎无法避免或控制的相关行为,带来压倒性的无助感。吸食毒品上瘾的人会有这样一种想法:"吸上一口,或吞下一粒,一切就都会好起来。"这能使人从眼前的任何困扰中得到暂时的解脱。但不可避免地,缓解情绪痛苦的第一步反而成为了制造更多痛苦的根源。我们很容易将成瘾和毒品、酒精联系在一起,但其实任何事物都可能让人上瘾,比如过度节食、过度运动,甚至过度进食。

我们应该注意什么：成瘾的共同基本特征

1. 时时刻刻想着某项活动,如智能手机的使用。

2. 投入该活动的时间不断增加，以此获得满足感。

3. 行为超出个人控制范围。

4. 试图停止该活动时变得不安、易怒、极度焦躁。

5. 逃避现实。

6. 为了掩盖过度投入的事实而时常撒谎。

7. 危及人际关系、工作或学习。

8. 表现出越来越明显的戒断症状。

9. 超出最初的意图——如花费时间远超预期，或摄入剂量超出预期。

10. 拒绝接受现实，反复寻求自我肯定（"我可以想停就停"）。

托尼： 这个检查清单很有用，我在学校也曾使用过。青少年在自己单独尝试的过程中上瘾的几率很低，但一个人要带着另一个人走偏，却容易得惊人。从咖啡因、烟草、酒精到大麻和烈性毒品，成瘾物质的种类不胜枚举。上瘾的行为模式也多种多样：从过度锻炼到游戏、赌博。我们面临诸多危险，在这些行为的背后，究竟是什么在吸引着人们？似乎群体的吸引力和归属感是核心。

赫尔伯： 当然，这是一部分因素。除此之外，使自己感觉良好，提高自我表现，以及青少年对权威的蔑视，都可以成为他们冒险的部分原因。成瘾发生在大脑出现变化的时候。这可能是由各样影响因素导致的，包括任何形式的虐待或创伤、遗传学因素、缺少管控，以及朋友的强大影响力——无论是现实中的朋友，还是虚拟世界中的朋友。

托尼： 在青少年时期，易成瘾行为的神秘感和浪漫感会带来愉悦的感受，例如毒品世界隐藏的秘密。这就是为什么让青少年了解相关信息，尤其是关于毒品交易的信息，是有益的。毒品交易在某些方面和其他交易一样,不过是一种包含了生产商、供应商和消费者的交易,人们从事毒品交易是为了赚钱:这其中没有一丝青少年所期待的浪漫气息。

毒品的害人处之一是缺少质量管理。与青少年谈论毒品大多收效甚微:他们只听他们想听的内容。一个成功的案例是一位改过自新的瘾君子给了一个青少年一小包大麻并让他往后排传。在经过了十双手的传递之后,他问第十个女生是否还想用这包大麻。吸毒者无法知道他们的药品经过了多少双手的干涉,被掺了多少砖粉之类的杂质——他们不会知道这药品有多危险。简而言之,典型的青少年毒品消费者并不知道他或她买的或用的是什么。

赫尔伯: 然而有趣的是,人们的态度似乎发生了转变。最近的调查显示,在一千名大学生中,近四分之三的人表示他们从未在学习期间服用过毒品。大多数人都认为吸毒会影响心理健康,助长犯罪。

托尼: 在大学中或许是这样。但在许多社区中,吸毒是正常生活中难以摆脱的一部分,并与伦敦一些地区的青少年持刀犯罪等现象有关。

赫尔伯: 尽管如此,我们也不应该忽视我们正在取得的进展。就拿饮酒问题来说:在 2002 年,50％的 16 岁男性每周饮酒;这一数据在 2014 年下降到了 10％。在 18—24 岁的人群中也已有所下降。事实上,根据世界卫生组织的说法,英国青少年饮酒率的下降幅度比其他欧盟国家都大。伊万布赖特(Eventbrite)最近的一项研究显示,只有 10％的青少年认为喝醉"很酷":如今 40％的青少年认为这是件尴尬的事。有个旧说法是,在英国,当你喝醉时人们会和你一起笑,而当你在欧洲大陆时,你会被人们嘲笑。这一说法如今已不再适用了。

托尼: 你强调积极的一面是对的,但人人都有上瘾的倾向。全球毒品政策委员会指出："通过服用药物来转换心情似乎是一种普遍的冲动,从古至今,在世界上几乎各个国家都存在着这样的现象。"在我看来,把吸毒看作道德问题往往适得其反,但在过去,各所学校一定是这么做的。这种夸张的零容忍态度只会让吸毒变为禁忌话题,反而会对青少年产生更大的吸引力。

赫尔伯: 污名化和标签化仍是常态,吸毒者被看作是低人一等的人、是渣滓。这只会让情况更加恶化,因为这样一来他们就更加不愿意去寻求帮助。纵使过程艰难,但是要帮助吸毒者戒掉毒瘾并培养新的积极的习惯并不是不可能的。

托尼: 我们总应该把目光放长远些,为我们关心的学生们做最好的打算,而这就包括为他们划分明确的界限并坚持下去。如果说自然界不存在真空,那么青少年的成长也不允许不确定性的存在,这会让他们感到彷徨。青少年正在发育的大脑中非黑即白的思维方式我们已经在前文有所探讨。我将会采取的做法如下:

1. 如果发现学生在学校吸毒或持有、贩卖毒品,必须作退学处理,剥夺其上学资格,不应有例外。明确这一点是必要的。但是被开除并不是世界末日。

青少年可以借此机会重新开始,直面他们的处境,最后成功克服。不是每个人都能做到这样,但我们的确有不少成功案例。父母也需要有正确的家庭期望并做出明确的规定和相应惩罚:一些原则是严肃且不可动摇的。

2. 然而,同样重要的是青少年要知道他们拥有学校和家长的接纳和支持。这意味着学校和父母要提供良好的真实信息,讨论社交场合

对话青春期:父母、教师和青少年生存手册

的挑战和陷阱,带着同理心去回应他们对于朋友以及自身的担忧,指出危险但不加以评价。

　　事实上有少数误入歧途的家长会鼓励他们的孩子吸毒,甚至是烈性毒品。这听起来难以置信,但各个社会阶层都存在这样的情况。当然,大多数家长还是希望他们的孩子过健康的生活。他们理所当然地对孩子的未来充满信心,即使这种信心中夹杂着恐惧。在这种情况下,知识是消除恐惧的良药。

香烟

　　吸烟的危害是众所周知的,并在全世界得到了证实,尤其是在西方国家。然而,烟草仍是全世界范围内致人死亡的重要原因,每年有超过七百万人因吸烟而死。好消息是,在英国青少年的吸烟比例急剧下降:烟草对他们不再那么有吸引力了。一些青少年认为电子烟是更为安全的替代。尽管电子烟有助于减少吸烟带来的相关疾病,但它的安全性尚未像许多人所想的那样得到证实。除了尼古丁,电子烟释放的其他几种有毒物质还未得到充分的评估。讽刺的是,吸电子烟真的会诱发吸烟。至于电子烟所释放物质的安全性,目前还没有定论。这里还有另一个相关问题:因为吸烟会抑制食欲,随着吸烟率的下降,青少年肥胖率有了显著上升。

情爱芳香剂(poppers)(金水、亚硝酸戊酯或亚硝酸丁酯)

　　持有或购买金水并不犯法,在玩笑商店或成人用品商店,以及酒吧、夜总会都能买到它。有时,在一些年轻人经常光顾的音像店或服装店都能发现它的身影。它的主要成分是硝酸戊酯,曾被置于易溶胶囊中用于治疗心脏病,现在则被当作廉价又安全的派对助兴剂,在年轻人中尤其受欢迎,是青少年周末闲谈的日常话题之一。然而,它也不可避免地存在副作用:过敏性皮肤问题、呼吸困难、青光眼,甚至可能导致失明。作为一种肌肉松弛剂,它还被认为可以增强性体验。

溶剂(气溶胶、气体和胶水等)

同样地,尽管店主在知情情况下向 18 岁以下的青少年出售溶剂供吸毒使用是违法行为,但持有、使用或购买溶剂在全年龄段都是合法的。挥发性物质滥用(VSA)是常用物质如胶水、气体、气溶胶的滥用行为。直接的化学反应结果或呕吐哽噎导致的瞬间窒息死亡并不少见,其他器官也会受到长期损伤,包括脑部损伤。毒品圈有秘密用语,VSA 也发明了自己的词汇——"吸家毒""吸胶毒""撒粉"等等。VSA 一般在家里进行,往往使用丁烷气体,在学校内和学校周边不太会被视为重大问题。智慧药物(Drugwise)这一网站可以提供有价值的帮助信息。

一氧化二氮(笑气)

一氧化二氮作为一种麻醉剂被广泛使用,通常被牙医用于缓解疼痛和焦虑。汉弗莱·戴维(Humphrey Davy)称之为笑气,因为它能使人狂喜。尽管在专业用途以外使用笑气是违法的,但因为便于购买,这种古老的方式（笑气的使用已有三百年历史）至今仍在酒吧和派对中广泛使用。据调查显示，英国是使用笑气最多的国家，其证据显而易见：从人行道和学校走廊上随处可见的小银罐就能看出来。这种用于气球的气体似乎相对友好，它既不是精神活性物质，也不像其他毒品的毒性那么强，但它还是存在一些副作用，包括引起精神错乱、幻觉、面部麻木和维生素 B12 缺乏！

酒精

酒精仍然是最受社会认可的药物。有一种普遍的观念认为让孩子在小时候喝稀释过的酒，他们长大后喝酒会更有节制。在隔壁的法国，这一观点似乎更加受到拥护。然而，根据《柳叶刀》最近的一篇文章显示，在对 2 000 名 12—18 岁的孩子进行了 6 年的跟踪调查后，结果表明让孩子在家接触酒精并没有好处，似乎只会鼓励他们在别处饮酒。被父母允许喝酒的孩子受到酒精相关危害的比率要大得多。酒精使用障碍（AUD）的定义在《精神障碍诊断与统计手册（第五版）》中有详细的解释。伦敦的一项研究显示有半数的英国青少年 14 岁就开始喝酒，在 11 000 个调查对象中，有 10％的人一次至少喝 5 杯酒精饮料。

最令人担忧的问题还是酗酒成瘾，尤其是女孩子。世界卫生组织多次指出，在由 36 个国家和民族组成的欧盟中，英格兰、苏格兰和威尔士的少女在酗酒问题的前六名就占据了三席。英国女孩的饮酒量比起前几代人其实有所减少，但却更爱酗酒。女孩们自认为这是由于生活压力的增加，以及口味更甜、口感更好的酒精饮品的推广。

把饮酒仅仅看做是青春期冲动的一部分或许会让人稍感宽慰——当

然这确实是部分动机——但酒精已被证明会导致对其他药物的尝试,并引发反社会行为、破坏公物和盗窃行为。千禧世代研究指出,药物滥用行为在 11—14 岁之间急剧增加。鉴于此,学校和家长需要时刻保持密切关注。关于预防的建议往往以学校为重点。学校应该花更多时间帮助家长了解情况,尤其是让他们注意到鼓励酗酒的应用程序的盛行。反过来,少数通过鼓励孩子和朋友喝酒来讨好孩子的家长也需要受到学校的管控。这种教养方式属于玩忽职守,已经导致了严重的后果。

在大学层面,据匿名戒酒会报告显示,参加戒酒会的问题饮酒大学生人数有所增加。以卡迪夫大学为例的一些学校为关心自己状况的自我指涉学生提供了治疗。我们正处于这样一个阶段,即个人和公共机构开始承认有必要关注心理健康,但前面还有很长的路要走。

滥用药物法案

在这里我们需要注意一下英国关于毒品的法律架构。从本质上说,该法案涵盖了三类药物,拥有、供应或使用这些药物都是违法的。

A 组　被认为是最有害的,包括可卡因、摇头丸、冰毒等。

B 组　包括巴比妥类安眠药、大麻、氯胺酮和安非他明。

C 组　包括类固醇和苯二氮类药物等。

大麻

大麻有许多各种形式、不同名称的新型合成衍生物。在美国,40 岁以下的人群中至少有四分之一吸食大麻,英国很可能也是如此。这些药物会干扰大脑中自然的愉悦-奖励系统,从而诱发依赖性。任何形式的大麻都会或多或少地影响发育中的大脑,特别是注意力、学习能力和记忆力。但或许家长们需要接受一个最重要的事实,如今出售的大麻比前几代的药效要强得多:比60年代的"爱情之夏"高了**40倍**。

最强的变异都是非常危险的。超劲大麻比基础种类的大麻强四倍,其后果也是灾难性的:长期使用会导致脑部损伤以及严重的精神病和妄想症。这似乎是我们街上卖得最多的毒品。如此让人上瘾的活性化合物还包括四氢大麻酚(THC)、大麻酚和大麻二酚,它们可以控制情绪、食欲、记忆以及对痛觉的感知。这些成分不像烟草伤害的是整个身体,它们攻击的是大脑,但其危害的传播程度远不如烟草那么广泛。骇人的故事不时地出现在报刊中,但很快又被遗忘了。几乎可以肯定的是,大麻含有许多在医学上已经被证明有用的化合物。世界各地的实验室正在研究它在治疗癫痫、癌症和其他疾病,以及作为一种抗焦虑药(减少焦虑)的潜在用途,但目前还没有确凿的证据。目前来说,大麻的负面影响是大于正面影响的。

尽管如此,美国的29个州以及越来越多的国家,主要是欧洲,仍然允许大麻的医疗和娱乐使用。然而,我们有两个重要问题需要考虑。第一,"入门药物"是用来描述常用药物导致对更严重药物依赖的一种方式。大麻零食随处可见,比如蛋糕和糖果,看起来很安全,但事实证明,它们可能成为更危险的大麻嗜好的前兆,而更强劲的大麻又会导致更高级别的毒品使用。第二,青少年面临着更大的风险。加拿大最近的研究表明,15岁以下吸食大麻的人成为瘾君子的可能性增加了66%,相较之下,17岁开始吸食大麻的人这一数据是44%。至少,我们应该认识到大麻并不是没有重大风险的。

大麻中最危险的是大麻素（大麻的合成替代品，如实验室生产的"香料"），又被称为"僵尸"毒品。这种药物非常危险，对服用者的影响往往包括极端不可预测的行为，一系列的中毒症状，以及对神经和心血管系统潜在的破坏性影响。这种所谓的"合法兴奋剂"在一些人看来是无害的。但它们不是。作为一种可吸烟的草药和合成精神活性药物的混合物，"香料（Spice）"可以用于芳香疗法，但它经常被滥用。苯并（Benzo）、夏霾（Summer Haze）、K2、弗瑞（Fury）以及其他许多药物的混合程度如此之高，以至于应对过量服药越来越困难：他们不知道自己实际使用了什么，这降低了具体治疗方法的准确性。

浪子回头，为时未晚。让父母和用药者感到欣慰的是，哪怕是 72 小时的节制也能使认知能力得到一定程度的恢复。

阿片类药物

最常见的是可待因，在止痛药的柜台上很容易就能买到，因此被广泛滥用。

鸦片和吗啡同属一类。过量服药会导致精神错乱、嗜睡和呼吸缓慢，这是非常危险的。它是自杀最常用的药物之一，但如果尽早用药治疗，是有可能逆转的。

海洛因会产生更强烈的效应，其使用标志是明显的注射痕迹。用药者对药物的渴望是如此强烈，戒断症状是如此可怕，以至于使用者会采取极端的手段来获得药物。这与人体正常产生的内啡肽的效果完全不同。

　　　　　　　　　　对话青春期：父母、教师和青少年生存手册

可卡因和其他兴奋剂

包括安非他命，其中一种是摇头丸（MDMA），以粉末、药片或液体形式被购买。这些药物对治疗注意力缺陷多动障碍（ADHD）很有价值，但也会被误用为娱乐性药物或出于任何原因让人保持清醒。可卡因可用作局部麻醉剂，但这种情况很少见。作为一种街头毒品，它是一种白色粉末（霹雳、吹、雪、可乐等），其很少以纯可卡因形式出售，往往是混合了各种有趣的物质，其中一些是有毒的。因此，它的用量也没有定律，可能极强，也可能极弱。想要知道自己用的是什么药极其困难，这几乎是不可能的。可卡因可以通过抽烟、鼻吸、擦在牙龈上或注射使用，它会促进多巴胺的分泌，因此让人非常愉快。与所有其他药物成瘾一样，它的戒断过程也是危险和极其痛苦的。

根据英国内政部的数据，在英格兰和威尔士，最富裕阶层的可卡因使用率达到了 10 年来的最高水平。太多的人相信可卡因是无害的。但它不是。的确，有一种情况下它是无害的，那是它作为药物的时候。

合成类固醇

这些东西很容易在网上买到，甚至能在健身房非法买到。它们能实现理想的增肌，因此大多对男孩和年轻男子很有吸引力，但同时它们非常容易上瘾，并有潜在的致命危险。对于青春期的男孩来说，用它们来增强肌肉也是提高他们自我认知的一种方式。合成类固醇也是一种兴奋剂，比赛中需要检测其使用以消除不公平的优势。它们有片剂、乳状和针剂三种类型。

这是学校面临的一项新的毒品挑战。使用合成代谢类固醇从根本上就不会被青少年视为青春期叛逆，甚至根本不被视为吸毒。但它的副作用包括痤疮、秃顶、中风、心脏病和严重的心理问题，如偏执、妄想、轻度躁狂和极具攻击性。如果在青春期之前使用，身体的生长还会受到抑制。

能量饮料

它们都含有咖啡因，但比咖啡、茶和巧克力中的含量要高得多。它们几乎都含有大量的糖——每瓶高达 20 茶匙，可能导致蛀牙、2 型糖尿病和肥胖。它们被那些想要保持清醒或警觉的人用作兴奋剂和提神剂——用于游戏、学习、体育活动等。据说在年龄稍大的青少年中，有将近三分之二的人经常饮用能量饮料。

"快乐激素"

它们不属于青少年为了故意改变自己的情绪而服用甚至滥用的人造药物。它们是我们大脑中天然存在的化合物，无论我们喜欢与否，它们都会以各种方式改变我们的情绪。我们需要知道它们的潜在效应，以及它们何时可能被触发。

多巴胺驱使我们实现目标，体验随之而来的愉悦。多巴胺过低会导致不满、缺乏热情，甚至绝望，而多巴胺过高有时会导致宿醉般的情绪低落。

催产素被称为"拥抱荷尔蒙",因为它对人际关系有积极的影响。它通过性活动、肢体接触如拥抱和亲吻,甚至温暖的握手、友谊的表达来释放。亲密、信任和忠诚可以从荷尔蒙的释放中看出。顺便说一句,据说它还能增强免疫系统,改善心血管功能。

血清素使人对自己和整个世界感觉良好。主要来源为阳光和健康饮食的维生素 D、良好的社交经验和归属感都能提高血清素的分泌量。由此可见,社会孤立和被抛弃感会导致血清素分泌的减少。积极的记忆(无论是真实的还是想象的)会使我们的大脑产生血清素,而沉思会导致荷尔蒙的增加。

内啡肽是内吗啡肽的缩写,是一种内源性产生的类似吗啡的物质。这种激素可以减轻压力,让你达到渴望的快感。它们可以减轻焦虑,缓解疼痛,高剂量时还可作为有效的镇静剂。开怀大笑或进行愉快的锻炼都是提高内啡肽分泌的方法。特殊的气味、熟悉的食物如咖啡和巧克力,以及芳香疗法也能增加它的分泌。闻薰衣草精油或药膏是众所周知的弛缓药。

其他药物

经验表明,很少有吸毒者单纯服用一种药物。任何被认为具有愉悦作用的物质,无论是身体上还是心理上,都可以加入他们的服用对象。还有许多其他的滥用物质,太多了就不提了,但这里有两种特别值得注意。

阿普唑仑(Xanax)是苯二氮卓类药物之一,用于治疗焦虑,青少年和大学生都越来越喜欢使用它。他们可以从匿名网站上进行购买。苯二氮卓类药物起效很快,因此可以有效治疗惊恐发作和恐惧症。在治疗不便的地方(如一些大学仍是这样),自用药的使用量正在猛增。这种药物很有价值,但它也是有毒的。

γ-羟基丁酸酯(GHB),通常被称为 G,在夜店常客,尤其是女性中很受欢迎。在 LGBT 社群中,它被作为一种"药物性爱"药,有强大的去抑制功能,能迅速导致欣快感,似乎没有副作用。但如果与酒精混合,它会在几分钟内导致昏迷。它还是原始的强奸药,无色无味,很容易被放入饮料中。

GHB 是 60 年前作为一种麻醉剂和治疗嗜睡症的药物开发出来的,因此显然被认可为一种"纯"药物。但它却是年轻人可能使用的最危险的药物之一。它现在被称为"液体摇头丸",并且有致死风险——事实上,它似乎已经取代摇头丸成为最广泛使用的药物,尤其是在夜店文化中。

郡界线

令人担忧的是,贩毒团伙正在剥削年轻人,利用年仅 12 岁的儿童为他们在全国各地转移毒品和资金,通常是通过火车或长途汽车。最初的接触通常是通过社交媒体上的诱拐手段进行的,并伴有暴力威胁,包括使用枪械、刀和硫酸。最常涉及的毒品是海洛因、可卡因、摇头丸、大麻、安非他命和香料。与大部分毒品世界一样,它创造了自己的语言。"去郡上"是其中最常用的术语。"陷阱""陷阱屋""陷阱线"和"布谷式寄生"是警示词。利用儿童作为携带者("棋子")是一种现代的奴役形式。fearless.org 这一网站涵盖了这一领域的相关内容。

游戏

托尼：谁会想到，简单的老式黑白乒乓游戏（我们记忆中的第一款电脑游戏）会发展成为一个十亿美元的产业，几乎影响到全世界所有社会和大多数的年龄群体？

赫尔伯：它已经变得无处不在并对某些人构成威胁，以致世界卫生组织认为有必要将游戏上瘾归为一种疾病——ICD‐11。通过创造一套循环奖励机制，游戏可以使人上瘾，对人格发展的各个方面产生影响，并通过单机游戏和网络游戏蔓延到所有家庭成员的生活中。

托尼：但是，与许多事情一样，在正确的时间和地点以正确的"剂量"进行游戏是一种令人愉快的消遣，并能发挥很大的作用。事实上，我已经看到了游戏如何将以自我中心的消极思想转移到相对健康的事物上，并为与世隔绝的人带来积极的体验。哈德斯菲尔德大学正在追踪一款用于学校的亲社交游戏，针对 14—18 岁的年轻人，该游戏奖励有善心的行为，并为社交媒体的强制和暴力方面（包括诱骗）设定警报。他们的研究表明，侵略性游戏会导致暴力行为，而"社会责任感"游戏确实可以改善行为模式。

赫尔伯：然而还是有很多地方可能出错。商业市场似乎是一场混战。中国是世界上最大的游戏玩家国，拥有约 5 亿用户，创造了 3 000 亿英镑的利润。最近，中国成立了审查委员会，发现他们审查的所有 20 款游戏都违反了道德规范。

托尼：对这一点我毫不怀疑。但是游戏也有积极的影响，例如，它可以改善手眼协调性和脑连接的优势正在影响军队的招募方式。在游戏中，瞬间决策能力也能得到不断提高，这是一种可以快速有效地传授的技能。事实上，你可以看到年轻人通过游戏提高了解决问题的能力，并使整体认知功能受益：记忆、注意力、推理和信息处理等。直到最近，学校才开始看到游戏的潜力。我们正处于真正推动学习事业发展的潜在前沿。

赫尔伯： 它之所以有效，是因为大多数游戏都能带来情感上的满足，大脑的奖励中心被激活，从而增强了玩家的毅力。另一方面这也会带来问题，性和暴力的主题对玩家存在同样的吸引力。

并不是说游戏中的性和暴力必然会导致道德上的混乱和衰落。事实上，一些研究表明，观看暴力电影或玩暴力游戏产生的效果与预期相反：暴力水平反而下降了。对于《堡垒之夜》——一款以消灭所有人，自己生存到最后的游戏——的迷恋，与对《汤姆和杰瑞》的动画片的迷恋没什么不同，问题在于它的上瘾性。另外，性和暴力主题的游戏并不能像其他游戏那样发展认知技能。游戏成瘾已成为一个重要问题。伦敦的一家国民医疗服务基金会（NHS Trust）正沿着远东和美国的路线，开创网瘾治疗中心。

托尼： 无论如何，游戏将继续存在，并且它的益处不容忽视。学校和家庭中需要的是对此加以控制和选择，而这绝非易事。因此⋯⋯

一些小贴士

- 试着了解电视、网络或游戏上正在播放的内容。有些父母甚至没有努力去弄清楚，这一点总让我们感到震惊。

- 尝试实施时间限制。

- 不要让电子设备进入卧室。

- 偷偷检查以确定。

- 尝试讨论游戏（"它究竟好在哪？"）以及它产生的感觉（"它会让你感觉更好，还是沮丧、愤怒、快乐、轻松？"）。

- 尝试从朋友、学校或其他家长（以及网络本身）获取有关特定游戏的可取性或其他方面的信息。

另外不要忘了伪善者法则，无论你喜欢与否，父母都是榜样，过度使用屏幕的成年人是很难树立好榜样的。

对父母有用的网站：UKAT（英国）；网易（中国）。

赌博

托尼：赌博是另一项非常有利可图的业务，并在我们的文化中根深蒂固——赌马或者赌球。多年以来，人们一直认为赌博是无害的，除了少数例外：陷入困境的可怜人。如今改变的是，通过智能手机与人接触的速度越来越快，这使得发生重大问题的可能性越来越大。令人担忧的是，大量赌博网站不需要提供年龄证明。

赫尔伯：一项研究表明，大约一半的 16 岁青少年会偷偷使用他们的博彩应用程序。这可能会导致他们开始在家中盗窃，从而被人利用。男孩的赌博比例似乎是女孩的两倍。多巴胺释放系统会使得即使是最小的胜利也能带来巨大的快乐，这一点彩票公司是很清楚的。

托尼：这是一个日益严重的国际问题。中国已经建立了数百家采取"冷戒除"的网瘾治疗中心，足以使网瘾的反复发作不易出现。中国当局十分清楚自己所面临的处境。

赫尔伯：中国的做法并不是唯一的出路。支持小组、治疗和在线咨询都可以提供帮助。匿名赌博就像酒精饮料一样，同时赢得了父母和年轻人的心。无论反对者意见如何，用回传统的电话是有用的，而且很可能更便宜！

父母能做什么

在任何时候对任何孩子来说，创造一种能讨论成瘾问题的氛围都是一件很好的事情。在出现问题的苗头之前，就需要处理好这个场景，例如"我最近在阅读有关……"的开头就能引发一场讨论。孩子需要知道，他们的父母对他们生活中发生的事情有合理的了解，并且也试着开放一点："我总是愿意谈论……"这样的态度不一定会从一开始就获得积极的回应，甚至根本不会获得任何回应。

青少年可能会对父母入侵了自己的领土而感到厌烦或尴尬，但是坚持不懈的付出总会得到回报。不要放弃！如果你确实担心孩子的行为，那么：

1. 找出问题所在。确定你的事实。

2. 挑战你的孩子。被欺骗（至少在最初阶段）是可能发生的。其他现象也包括孩子的愤怒。你可以使用警告信号——"我们不傻"。

3. 对于大多数父母来说,这是一个非常有压力的情况,因此要保持冷静并做全面分析。在第三方介入之前,设法达成一个共同的行动计划。

4. 该第三方可能是保密的顾问,或者实际上是学校。许多家长对此会有所顾虑,但一所好的学校应该是开明的,乐于助人的。无论如何,请确保"注意事项"下的十点是经过详细讨论的。

5. 你的目标不是快速地解决方案,而是朝着积极方向的计划。全家人都需要考虑酌情参与。

6. 如果真的没有任何计划的意义,那么你将面临艰难的抉择,尤其是在有其他孩子需要考虑的情况下,这甚至可能包括让孩子离开家,或者与亲戚一起生活。

英国国民医疗服务和无毒品儿童合作组织的网站为父母提供了关于处理青少年吸毒或疑似吸毒的良好建议。这些建议大部分也适用于其他成瘾。皇家精神科医学院和青年思想学院也是有用的网站。

如果年轻人担心父母滥用药物,narconon. org/drug addiction 是一个有价值的网站。

第 9 章

屏幕少年

赫尔伯：你还记得那个每个人都微笑着进行眼神交流，而且十分清醒地意识到自己所处环境的时候吗？这样的时光，已经不复存在了。取而代之的是随处可见的屏幕。它们似乎和我们形影不离：起居室、卧室、公共交通工具上——只要想看，几乎任何地方都可以。电视机、电脑、平板电脑、智能手机、手表无处不在，几乎涵盖了人类活动的各个领域。电视机大多已经被更小巧、便携的电子设备所取代，而这些设备总是随手可用。这些电子设备兼具便利性与强大的功能性，已经改变了我们传递和获取信息的方式。

托尼：这当然是一种截然不同的看待世界发展的视角，而实际上我们也只是瞥见了这一发展带来后果的冰山一角。对年轻人来说，似乎电子设备的主要用途就是社会交际。尽管这项技术也可以用作信息获取和学习，但这些远不如游戏或 Instagram 这样的社交互动软件有吸引力。学校在这一块的引导也颇为滞后。有些学校让学生带平板电脑或智能手机到校学习，但实际使用率却不高，这会让很多家长觉得，他们的孩子不仅一无所获，而且极有可能被这一新事物干扰而分心。另一方面，尽管学校会为挑选适合孩子的智能手机和平板电脑提供具体建议，但是家长们往往还是会给孩子买功能强大、时尚的、不必要的款式。你会有这样一种感觉，科技正在引领我们的生活方式，而不仅仅是作为一种有用的工具而已。

赫尔伯：我们早就知道，总体上在网络世界中，年轻人遥遥领先于大多数成年人。我听说,有些养老院的老人们要求提供免费的 Wi-Fi 网络,这样他们的孙子孙女们就可以去看他们了！对于年轻人口袋中这股堪当精神领袖的力量,我们得格外留意！年轻人在某种程度上是开拓者,他们本能地寻找新方法、新思路、新词汇。你是一个校长,你一定知道这些是什么意思:"黄油(butters)""尖上(on point)""曲线(curve)""站(stand)""弗里克(fleek)""谢格(sheg)"?

托尼:不,我不知道,即使我知道了,到下个星期这些知识也就被淘汰了！

赫尔伯:我也是。我觉得它们的意思是:"有吸引力""完美""拒绝亲近""做粉丝""又酷又好看""尴尬"……但我懂你的意思。

托尼:这就好像一整个维度的成人世界已经被边缘化和遗忘,并且正在根据新的规则进行重塑,不管这些规则是多么容易转瞬即逝。年轻人正面朝着一个充满非凡机遇和激动人心的世界。智能手机也可以成为一种社交的有力支撑,有助于缓解尴尬气氛——只要伸手抓住这神奇的救命索,开始玩即可。

赫尔伯:正如任何其他事情一样,屏幕对每个人的影响最终还是取决于度。也就是取决于——**使用时间!**如果使用过度,智能手机可以从蜜糖变成毒药,甚至变成更糟糕的事情。

托尼:但它确实好处多多:在一些紧急情况下,它确实可以救急,非常便于我们与世界各地的人轻松联系,也适合处理日常生活中的各项事务,从办理银行业务到观看视频,再到预订假期行程、导航和浏览新闻。它也是一个强大的信息资源库:我一个同事曾形容它为"口袋里的亚历山大图书馆"。此外,它还是一个非常出色的自主学习资源宝库。这样的好处数不胜数。或许我们已经开始意识到,这场信息革命标志着人类发展的一个阶段性变化。

赫尔伯:随之出现的不可避免的问题就是如何平衡。鉴于变化如此之快,几乎不可能预见未来,其中的积极因素是否大于消极因素?年轻人面临的主要困难之一就是,互联网似乎提供了一条通向完美生活的途径。因此,他们可能很容易产生一种错觉,如果他们不持续关注和了解手机里传送的信息,他们生活中的每件事都会出错——他们会被忽略,会有负面体验,会与所有看似有价值的东西脱节。

托尼:让我印象深刻的,与其说是对完美的追求,不如说是互联网的深度渗透。甚至出现了一个新词,描述许多人在手机没在手边时所感受到的失落感和空虚感——"无手机恐惧症",即害怕没有手机,被认为对各年龄段的人都有同等的影响。现在甚至有一种线上测验来检验你是否患有这种症状!

赫尔伯:是的,如果不是因为现在有明显的证据表明它会成瘾,并导致精神和身体的紊乱,如分离焦虑症和惊恐发作,以及高血压和心率增加,玩手机本来是一个不错的消遣。英国通信管理局 2018 年 8 月的数据显示,近 20％的 16—24 岁青少年每天上网 7 小时。正如预料中那样,这其中存在显著的年龄层差异:65 岁以上的人中有 1％每周花 50 小时上网,而 16—24 岁的人中这一比例上升到 18％。要对抗这股潮流看似不可能,但实际上还是有办法的。英国通信管理局还表示,英国人每 12 分钟看一次手机,平均每周 24 小时在线。女孩比男孩更频繁地使用社交媒体。也许令人惊讶的是,有不到 15％的成年人从不使用互联网。

托尼:有时,最简单的方法就是最好的办法。在我看来,好的教育方式应该是，让年轻人自己去发现这样一个真相：卸下对手机的依赖，卸下因此而产生的压力和焦虑，可以让他们的身心可以得到完全的放松。例如，在一天中的某些时段禁止使用手机有助于缓解压力。这在家里和在学校一样适用。有一位美国校长就实施过这样一项手机禁令，起初学生抱怨不理解，后来他们逐渐感到轻松，而且学生们决定承担起维护他们"无 iPhone 手机世界"的责任。让他暗自偷乐的是，有一次他没留神伸手去拿自己的手机，竟被学生要求没收手机！

赫尔伯： 这是人性战胜科技的一个绝佳范例——逆向对抗！

托尼： 还有一个有趣的细节。那所学校的学生决定建立一个握手俱乐部。规定是，每当俱乐部成员相遇时，他们都会握手且目光对视，而且一条 Twitter 推文也不要发！

赫尔伯： 还有一个提升自律的办法是引导他们使用一个可上锁的、计时开启的手机存放袋。这样可以让人们在一定的时间段内，被迫暂停发短信、看 Facebook、Snapchat 和其他类似的手机软件。这也是目前一些学校和一些家长正在尝试的一种方法。

托尼： 不过潜在的事实是，个人必须愿意接受这个自我约束的过程。任何制度都是有办法打破的。在实践中，我发现许多年轻人在解释清楚的情况下会理解这些问题，并愿意适度使用智能手机。也总会有人觉得很难、不可能或就是不想这么做。我们正在谈的，其实是人类交际的本质。

赫尔伯： 交际是关键词，但我们知道，青少年花在人际交往上的时间越来越少，花在爱好和活动上的时间也越来越少，除非是有些可以通过智能手机开展的活动。然而值得注意的是，正如许多针对年轻人的研究所描述的，在过去的五年里，他们的孤独感与日俱增。这与抑郁症发病率的上升有关联,而且这一发病率似乎正以惊人的速度上升。因为年轻人的父母并没有这种"智能手机即生活"的体验,所以他们很难理解,绝大多数年轻人根本回忆不起来自己的生命中有任何手机不在身边的时刻。

托尼:情感上的不成熟比过去的持续时间要长得多。家长和老师很容易担心孩子们可能会在网上接触到不好的东西,但吉恩·特温奇(Jean Twenge)教授却揭露了另一种同样令人担忧的现象。依赖智能手机生活的年轻人生活在一个远离现实的世界里。他们变得不那么独立和有灵活性。算法为他们指明了特定的方向,笼统地强化了他们有限的世界观。他们可以对自己认为不公平和不平等的事情充满热情,但不能或不愿接受其他观点。我们在大学里看到了这一点,因为言论封杀的做法被认为是不可接受的。我觉得这很令人担忧。它直截了当地指出了教育应该是什么:消息灵通、独立的头脑通过建设性的辩论和争论来检验假设和观点。似乎智能手机和千禧一代的文化之间有某种联系。

赫尔伯:我发现令人担忧的是,大学似乎太容易屈服于对言论自由的压制。有证据表明政府正开始正视这一点。我们需要划清界限,坚持到底,并对其中的原因进行充分的解释。

托尼:你说的是良好的教育!

赫尔伯:你提到年轻人更少花时间和朋友出去,参加一些传统的活动,其实还有另一个方面。他们的直接性行为也更少了。其中部分原因可能是网络色情。虽然有一些年轻人对性行为和性关系产生扭曲看法的例子,但也有一些证据表明,在网上浏览情色信息是他们在处理正常的欲望。当然,年轻人的生育率处于历史最低水平,尽管这可能是由于适当的预防措施以及口服避孕药;我们目前还不清楚。但很可能他们渴望独处又不想面对孤独感的心情在这里也发挥了一点作用。

托尼：成人工作的经验也是一个因素。现在可供青少年就业的工作少得多。家长们常抱怨说，兼职或周六的工作已经没有了。原因很多，特别是更严格的监护规定的制定，但它们直接导致年轻人体验不同社会生活、建立责任意识的机会减少了。即使是再微薄的工作收入，也有助于塑造自我价值和社会价值。而不可避免地，我们不能忽视屏幕的吸引力：游戏远比工作有趣。

赫尔伯：我们已经触及了一些问题，但很明显，不幸福指数正在上升。这似乎与屏幕使用直接相关。这是一个单向的现象：过度使用等于增加抑郁，但抑郁并不一定导致过度使用智能手机。这与蓄意自残的发生率也有很大的关联，而且这种情况正在增加。有许多研究证明，年轻人在很大程度上把智能手机视为身体的延伸。大多数人睡觉时把手机放在枕头下，经常查看手机，有时一个晚上多达十次，还常常借口是手机是他们的闹钟，没有手机就不能按时起床上学。

托尼：对于家庭来说，有时很难知道他们应该做些什么来解决一些很可能损害他们孩子健康的事情。有些家长对手机使用实行严格管控，但许多人会发现这很难执行。一些家长试图禁止孩子在卧室使用手机，但又允许孩子通过电视使用社交媒体。惩罚性反应的问题在于，它们会进一步刺激欲望。在我看来，最好的途径是在家庭内部开展一些尽可能开放的广泛讨论，上至大局问题，如国际网络冲突的危险；下至个人问题，如社会责任或围绕持续蓝光造成的损害的一些科学问题。把一些隐秘的、神秘的事情拿出来讨论清楚。

赫尔伯：网络世界是迷人的：一夜之间名利皆可得。然而，大多数使用互联网的年轻人不太可能清楚意识到这在多大程度上是大公司甚至是个人博主的捞金活动——拥有大量互联网粉丝的年轻人利用植入式广告谋取经济利益。广告已经从杂志跳到了荧屏上,结果就变得无时不有、无处不在。购买昂贵物品或者做不久前在日常活动中被视为不可接受的事情的压力越来越大。很少有成年人能完全理解,智能手机在多大程度上接管了整整一代人的生活。

托尼: 在养育的各个方面,成年人都需要做好榜样。有意思的是,那些对在生活各方面树立好榜样有敏感需求的父母,是如何在不知不觉中陷入智能手机的关口的。就像那位美国校长一样,他们可以让自己专注于自己的智能手机,有时简直旁若无人——但孩子们会注意到。你可以在饭店里看到这样一家人,每个家庭成员都目不转睛地盯着自己的手机。手机管禁只有在整个家庭层面执行才能真正发挥作用。

赫尔伯: 这一点相当重要。"照我说的去做,而不是照我做的去做"这句老话必须加以批判。我发现从生理、心理和社交层面展开思考很有帮助:

生理层面	心理层面	社交层面
1. 睡眠 2. 意料之外但常见的发育问题	1. 成瘾 2. 游戏 3. 情绪问题(见第 7 章) 4. 肥胖症(见第 6 章)	1. 网络喷子和网络欺凌 2. 假新闻 3. 色情作品(见第 5 章) 4. 隐私/安全 5. 自拍

屏幕与睡眠

赫尔伯: 据称,每天使用屏幕一小时会彻底打乱个人的睡眠模式。加拿大研究人员试图找出为什么能睡上 8 小时的年轻人那么少，他们发现社交媒体往往是罪魁祸首。在 WhatsApp、Facebook 和 Snapchat 等手机软件上花费至少 60 分钟的人是最严重的受害者。他们发现女孩比男孩更容易成瘾，因此最有可能被剥夺睡眠。

托尼：我们知道，睡眠不足会导致学习成绩不佳，这已经成为人们日益关注的问题，但更严重的是，它也会导致社交困难，最终导致心理健康问题。这是一个恶性循环。一个人越缺乏睡眠，他或她进行身体和智力锻炼的可能性就越小。对年轻人和他们的睡眠需求，目前各界有什么看法？

赫尔伯：相关的建议各不相同，但美国、加拿大和英国在指导方针上的意见非常一致：13 岁以下的年轻人每晚应睡 9 到 11 个小时左右；14 岁以上的年轻人每晚至少应睡 9 个小时；18 岁以上的年轻人至少应睡 7 个小时，以保障身心健康。

托尼：有时候父母可能会觉得，叫醒一个青少年孩子对他们来说是一大挑战，但实际上这反而是他们孩子健康睡眠的迹象。与此相比，不睡觉是一个更令人担忧的趋势。一项研究显示，超过一半的男孩和三分之二的女孩睡眠不足。

赫尔伯：主要原因往往在于缺乏家庭规约，比如喝咖啡或流行的、高浓度的饮料（所谓的能量饮料），以及在睡觉前喝酒或刺激感官，比如听大声的音乐。

蓝光

托尼：刺激感官也包括人工光的效果。"蓝光"这个词经常用来形容对大脑的影响,而且一定会对睡眠模式产生影响。

赫尔伯: 我们知道松果体中的褪黑素调节睡眠,在光线消失时发生作用,在午夜达到最大分泌值,然后逐渐减少,直到光线再次恢复。当然,这是原始人的模式,他们除了偶尔的火光外没有照明。我们假设他们在自己生活模式允许的范围内精神状态良好。因此,清醒和睡眠是完全可预测的,并得到适当的利用。但今非昔比。传统的钨灯对褪黑激素的产生几乎没有影响,而现代 LED 设备不同,它们发出的蓝光强度非常高。蓝光最初是因电视而生的一个问题,但随着小屏幕的出现,它越来越靠近眼睛和大脑,对人体的影响力也越来越大。据说有一些应用程序可以减少蓝光的辐射量,但对它们的有效性我毫无把握。

托尼: 对成年人而言,这也许是很自然的道理,但在与青少年交谈时他们往往会忘记去传递这个道理。

赫尔伯: 瑞士最近的一项研究很有说服力,该研究跟踪了 15—17 岁男孩的睡眠和清醒状况,其中一些男孩戴的是防蓝光眼镜,而另一些男孩戴的是普通眼镜。戴防蓝光眼镜的人比不戴的人睡眠好很多,这证实了年轻人褪黑素释放受蓝光影响更大的事实。

托尼: 所以蓝光对年轻人的影响确实比对成年人的影响更大。

赫尔伯: 从目前的情况来看,太多人(包括成年人)有睡觉时把手机放卧室的习惯。我强烈主张晚上手机不仅要远离床头,更要远离卧室。至少在睡前一小时,就应该关闭屏幕发出的蓝光。

托尼: 不难理解我们为什么喜欢蓝色,因为蓝色与放松、天空、海洋和幸福感有关。但同时,它似乎也影响着我们的生物钟。

赫尔伯: 是的,尽管年轻人对蓝光更敏感,但是蓝色并不是夜晚的特征。这是一种生物钟机制，一旦没有自然光，就开始发生作用。

托尼：不需要什么医学知识，蓝光对睡眠剥夺的影响也显而易见。尤其是在学校，它不仅影响学生的专注力，也影响了他们的人际关系。

赫尔伯：广告中铺天盖地的那种专用滤光镜片并没有起到明显的作用。现在，大屏电视和电脑屏幕比它们的前身所产生的蓝光强度要更大。不管怎么看，蓝光都必须退出青少年的卧室。

一些意料之外但常见的发育问题

关于蓝光对青少年健康的影响，几乎每天都有新研究发表。例如：

● 即使关机或不放在房间内，手机也会降低我们的认知能力。当把手机从卧室里拿开时，大脑出现障碍的可能性会变小，就像降低电池损耗一样。

● 智能手机发出的辐射足以导致青少年记忆力下降，尤其是惯用右手的人。手机越靠近大脑右侧，辐射对其发育的影响就越大。

● 青少年早期在智能手机上一次性花费超过 30 分钟有易患斜视的倾向。

● 快速发信息可能引发青少年肌腱炎，导致手、手腕，以及背部和颈部的疼痛。

● 不良坐姿会造成"短信脖"和脊柱弯曲，因为青少年骨骼和关节的生长还未停止。

● 智能手机中含有的铬、钴和镍等化学物质可引发皮肤过敏和皮炎，当停止使用手机时，这些症状会迅速消失。

对话青春期：父母、教师和青少年生存手册

● 甚至有人认为,使用智能手机会导致精子缺陷,从而降低男性的生育水平。

托尼: 这些研究论文,或者说它们在媒体上的报道方式,是否可能会煽动一种指向青少年健康的狂热的公众情绪?日复一日地,这些研究论文似乎互相矛盾,所以说深受影响的青少年数量一定不多吗?

赫尔伯: 当然,有些报纸标题可能带有夸张的成分,但也有越来越多的证据表明,这些担忧不无道理。如果长期不当使用智能手机,你的健康会受到严重影响。

屏幕成瘾

赫尔伯: 英国通信管理局 2018 年的报告简直令人震惊。大约 15 万名(6%)12—15 岁的儿童把周末醒着的大部分时间花在线上活动中。更引人注目的是,5% 的 3—4 岁儿童每天上网时间超过 3 小时。这也体现了一种并不积极的养育方式。持续增加的上网时间,似乎与心理健康问题的产生也密切相关。伦敦大学指出,10 岁以后在社交媒体上花费超过一天时间的青春期女孩会出现更严重的情感和社会问题。

托尼: 一开始相对简单的东西现在变成了多头怪物。技术发展似乎快于我们控制手段的进步步伐。

赫尔伯: 这里面还涉及既得利益的问题。互联网巨头们现在被要求反思他们在诸多所滋生的问题中所扮演的角色,这是件好事。这牵扯到很多钱的问题。我觉得应该有一个法定的健康警示。

托尼: 显然,社会面临着屏幕成瘾这一重大问题。家长最好的应对方法是尽最大努力营造一种氛围,在其中尽力让健康丰富的线下活动成为生活的重要部分,同时表达对孩子网络热情的兴趣。但这是一项艰巨的任务,许多人都需要指引。

赫尔伯:有很多新的应用程序可以帮助解决成瘾问题——以治标促治本,就像使用尼古丁贴片一样!比如一个名为 Thrive 的应用程序。它功能很多,包括收集机主在其他程序上花费的时间数据,存储机主设定的时间限制并在约定的时间切断网络。它也可以拒接来电。它会发送信息,"请稍等,稍后给您回电话",帮你争取时间。当然,所有这些都基于一个前提——机主个人愿意自律。

托尼:我们前面也谈过这些,这的确很重要。毫无疑问,无论父母如何努力,大多数年轻人都能通过与家长斗智斗勇玩到手机,无论是晚上在床上偷摸玩还是溜到外面玩。不管家长怎么试图控制或禁止智能手机,孩子总会找到办法。我碰到过很多类似的例子,在充满爱的家庭里成长的有教养的孩子,认为故意欺骗父母全然没有任何问题。一般的家庭道德行为标准未必适用于虚拟世界。

赫尔伯:我朋友家的青少年男孩就对手机成瘾了。不管怎么威胁和管制都无济于事。孩子妈妈特地买了一个小保险箱,孩子一从学校回来就把手机放在里面。一天下午,她一反常态地提前回家,竟发现两个儿子都在玩手机。最后,她在房间角落里发现了一个小摄像头,拍了她输密码的过程。这件事情本身就说明了一切!现在也有一些专门为父母设计的应用程序。例如,"家长控制"软件就把选择摆在了青少年面前:要么按我们希望的方式使用手机,要么没收手机。即便如此,这也并非易事。因为青少年必须先同意安装这个程序,而且他们会绞尽脑汁找到破解的办法。

托尼：最终的解决途径还是要靠教育。年轻人必须正确地理解他们所做事情的后果，这意味着家长们不能用严厉或独裁的方式，而是要引导并激发孩子自己的常识和判断。这或许可以借鉴青少年吸烟的相关情况。"反烟与健康组织"指出，吸烟人数减少最多的是18—24岁这一年龄段：因为这个年龄的个体可以更全面更充分地获取信息。他们必须从更大的背景中去理解自己的行为对心理健康所产生的影响。屏幕成瘾的解决之道，也在于此。

赫尔伯：父母需要时刻提醒自己，这是个如何平衡的问题。树立积极榜样是很好的第一步。约一半的父母（母亲多于父亲）承认自己有一定程度的手机成瘾。此外，其中也存在安全风险。联合国最近警告说，家长们在网上发布孩子的照片和视频，可能会给孩子带来危险，尤其是年幼的孩子。许多父母如同"晒娃狂魔"一般发布孩子的视频和照片，认为这是一种无害和愉快的消遣。事实上，一名青少年曾在2016年起诉她的父母，要求删除她在Facebook上的童年照片，因为这些照片侵犯了她的隐私。

托尼：尊重他人十分重要，不管是对孩子还是成年人。我听说过这样的案例，孩子们有理有据地抱怨他们的父母因为在手机上花太多时间而忽视了他们。尽管和孩子在同一房间、同一辆车或其他任何地方，而父母一方或双方都在玩手机，这比父母与孩子分开更糟糕：这完全有可能被孩子解读为一种拒绝。如果一位家长能够在与班主任的正式面谈期间（我遇到过这种情况）不加说明便开始拨打电话，那么他们也不大可能珍视与孩子的相处时间。无论如何，这都是不礼貌的行为。现在还有新词形容这种状况：技术插足。

赫尔伯：我会更进一步认为，这些都是父母失职的迹象。据称，英国

85％以上的成年人拥有智能手机，13 岁以上的人中也有 90％拥有智能手机。对于那些没有使用智能手机的人群来说，这在某种程度上是一种社会歧视。随处都可以使用手机——横穿马路时，开车时，骑车时，在家时，工作时，真的无处不在。这已经是一种常态，尽管在某些情况下是不合法的。如果成年人在孩子尝试互动时表现出反应迟钝和漠不关心，那么孩子就会感觉被忽略：这会对孩子人际关系的形成和社交能力的发展造成很大伤害。做到不去理会手机的诱惑，的确很难。事实上一些研究已经证明，我们玩 iPhone 时体内的高多巴胺分泌水平几乎等同于做爱！

托尼： 从积极的角度来说，智能手机非常适合社交。和其他事情一样，关键在于在家庭范围内达成可接受的边界。虽然各个家庭的标准不一定都相同，但明确界定和严格强调是必须的。

赫尔伯： 我们应该去关注那些与网络的创立与推广最密切的人对自己家人使用网络是什么态度，这很有帮助。苹果公司创始人史蒂夫·乔布斯确保他孩子在自己家里有节制地使用科技。比尔·盖茨和他妻子也是如此。再往大点说，Facebook 前副总裁查马斯·帕利哈皮蒂亚（Chamath Palihapityia）声称，短期的多巴胺反馈通过虚假信息、误导性事实、缺乏合作和公民话语，正在摧毁社会的运转。这可以给我们什么样的启发？

托尼： 问题的一部分似乎在于人们潜在的恐惧，他们害怕自己错过什么。事实上，这种恐惧现在有了专门的缩写：害怕错过（FOMO）。我见过青少年在他们的智能手机支持系统被移除后，会出现类似急性恐慌症的情况。它与停止服用药物后可能会出现的严重戒断症状非常相似。

赫尔伯： 这确实是一种"成瘾性药物"，而且影响力巨大。英国数字意识组织（Digital Awareness UK）对英国 5000 名学生进行了调查，发现其中

56％的学生声称自己处于成瘾边缘。他们对自己的生活和外表逐渐变得不自信。瑞典对 11 个欧洲国家近 12 000 名学生进行的一项调查指出，4.4％的学生是病态的互联网用户。在英国，这一比例已经上升到近 20％，而且还在上升。斯坦福大学的一位讲师评论说，"要让新的行为真正流行起来，它就必须经常发生"。这就是目前正在发生的事实，不仅西方世界如此，全世界皆是如此，因为据说有超过 35 亿人在使用互联网。

托尼：通常当我们谈论成瘾时，我们指的是物质滥用，特别是毒品和酒精。对屏幕的痴迷似乎比较次要的。这真的算成瘾吗？

赫尔伯：当然是。这两者的有很多相似的特征：离线时出现戒断症状；经常想着平板电脑或电脑；如果试图停止过度使用，就会变得越来越烦躁和不高兴；隐瞒真实使用程度；将使用视为放松的必要条件；反复超过最初预期在线时间；当设备不在手边时变得越来越沮丧或焦虑。

托尼：人们普遍认为，减少沉溺网络的最好办法是逐渐停用。从我的观察来看，这是一个很表面的建议，它根本没有触及问题背后的本质困难。戒断症状本身就是很痛苦的——包括焦虑、注意力不集中、对所有事情失去兴趣等。

赫尔伯：如果有一个分阶段的奖励系统，或许会有效。还有一个更好的方法是找到有类似情况的朋友或家人，并以友好、竞争的方式这样做——例如，同意对实现共同目标的最佳参与者给予奖励。当然，诚实在这里至关重要。这需要有准确记录，可以通过每三四天开一次会的形式，精确地记录他们开机的频率、时长和场景。这只适用于那些真正感受到自己被困在无法摆脱的习惯模式中的人。不管怎样，只有那些真正有动力并认识到自己的生活在多大程度上被成瘾所影响的人，才能够成功地戒瘾。

这毫无疑问是困难的,但也的确真的有人有可能逐渐摆脱自己曾经觉得极度诱惑和不可抗拒的东西。这与香烟、毒品和酒精的戒瘾有显著的相似之处。

一个案例研究

父亲下班带电脑回家之后,儿子很快就玩上瘾了。因为电脑给孩子带来快乐,父母就在他 15 岁生日那天给他买了一台小电脑。错就错在这一步! 不知不觉间,他变得茶饭不思,学会了逃课,放弃了运动和社团活动,并断掉了与朋友的交际活动。他的家庭医生建议把电脑拿走,结果引发了严重的争吵和暴力,包括砸东西、不睡觉、绝食,并且哭个不停,控诉他的父母不爱他、不理解他。

母亲决定两害相权取其轻,把电脑还给了他。不出所料,孩子的行为急剧恶化:每天上线 22 小时,晚上在冰箱里随便拿东西吃,完全不讲究个人卫生。他被紧急收进了儿童精神科,进去时又踢又叫,对绝望的父母发出可怕的威胁。而实际上,他父母的心理也迫切需要得到援助。他被隔离在一个与外界毫无联系的病房里,不情不愿地开始上课。一开始他根本没有电脑。然后在工作人员的监督下,并伴随着密集的心理治疗,他才开始逐步接触电脑。

最后,他被允许每天回家一段时间,前提条件是要锁好电脑。他父母觉得这很难,但还是坚持了下来。在两周的治疗后,他被转移到开放区,可以在家过夜,十天后他被允许"假出院"。他知道,如果自己适应不成功,就要立即返院治疗。家里也需要密切关注,并且锁好电脑。所幸,这个男孩

对话青春期:父母、教师和青少年生存手册

相当顺利地恢复了从前的活动。尽管经历了一些小插曲，总体而言六周后的评估结果是令人振奋的。

对于这种极度成瘾、错综复杂的癖病来说，专门的营地、农场和病房似乎是最好的治疗选择。

游戏（见第 8 章）

情绪问题（见第 7 章）

肥胖症（见第 6 章）

网络欺凌和网络喷子

托尼：匿名诽谤信自古有之。作为校长，我偶尔也会收到匿名信，批评我做过或没做过的事情。我发现处理这类信件有一个简单的权宜之计：垃圾箱。在电子时代，这个令人满意的办法可能达不到同等效果，因为即使删除，这些信件仍然会存在于网络之中的某个地方。网络欺凌和网络喷子这两个词，通常用来形容网络上不必要的关注，尤其与在校学生有关，这两个词常被用做同义词，但它们是有差异的。

赫尔伯：基本上，网络喷子尽力想通过吸引网民的注意力，来满足自己渴望被关注甚至可能有点病态的心理。他们常常是自恋、自利的人，同时又有严重的自卑、施虐倾向，迫切地渴望获得一种自己很强大的感受。他们在网上发布有争议的评论，一般来说可能是与种族主义、性别歧视和仇恨主义有关的内容，总之是极尽可能令人讨厌的，同时他们也尽力确保自己的完全匿名性。

托尼：我记得在网络喷子出现的早期，一个被公认为喷子的人原来是一个有家庭的中年妇女：这与我的预期大相径庭。可能我们每个人都有一种潜在的伤害倾向。

赫尔伯：我希望并相信情况并非完全如此，但毫无疑问，在所有年龄、种族和社会阶层中都会发现喷子。网络喷子不一定总是恶毒的。另一个变种是 Omegle 随机匿名聊天软件，在这里可以随机与陌生人进行视频聊天，可能发生任何事情。总的来说，喷子们并不一定想要冒犯别人，尽管他们经常这样做。

托尼：我想也许有人认为这是一种无伤大雅的消磨时间的方法，但它常常导致很糟糕的后果。当它影响到年轻人的生活时，我会非常担心。网络欺凌者有时被认为比喷子更恶劣，更进一步——因为欺凌者想要伤害受害者，而喷子只是想要得到关注。当然喷子的危险性也不可小觑。

赫尔伯：我认为这两个群体都和最令人恐惧的纵火犯相似。他或她有自己无所不能的错觉，一旦开始就没有办法控制自己的行为，并且会因为看到自己造成的后果而感到非常高兴。匿名可以增加刺激性：他们可以假装无辜，甚至在受害者忧心忡忡的情况下装出乐于助人的样子。

托尼：我见过的几乎所有与喷子打交道的专业人士都建议，忽视这些人，不要与他们打交道：让这件事"缺氧"而死。然而在网络欺凌中，我们面对的是截然不同的关系，它的腐蚀性更深，持续时间更长。对学校来说，这可能是最难处理的问题之一。这些都是牵一发而动全身的难缠、棘手的问题。

赫尔伯：网络欺凌者当然是不同的，他们往往有针对性地伤害一个人，并让其产生极度痛苦的情绪。他们要用到恐吓、羞辱、威胁、冒犯等种种手段来给别人造成尽可能大的痛苦。这给他们带来了一种既能主宰一切又不用为此负责任的刺激和乐趣。

托尼：有人认为，现在五分之一或更多的孩子在网上被欺凌，但真实情况并不明确,有可能比这个数字要高得多。

赫尔伯: 大多数人可能会把儿童性剥削和性诱拐作为来自互联网的最大威胁。值得注意的是,英国通信管理局(Ofcom)与其他国家的监管机构合作,将网骂、欺凌和性短信列为儿童需要特别保护的四个主要领域之一(其他三项为极端主义、冒险行为和假新闻)。

托尼: 我们知道我们正在应对一个非常重要的问题,但这也是个很难把握的问题,因为学校和家长可能很难察觉到这种隐性伤害的迹象。

赫尔伯: 反欺凌慈善机构 Kidscape 指出,这些迹象包括:无缘无故不愿意上学;明显的退缩和不开心;极度情绪化;晚上不情愿关闭电脑或其他设备;没有任何征兆的疑病;性情和行为大变。有些迹象是普遍的,从某种意义上说它们可能适用于任何欺凌,但在现代生活中任何形式的欺凌都难免会涉及网络的层面。

托尼: 人们利用网络平台进行欺凌的方式多得惊人,尽管这种平台创建的初衷可能是好的。例如,一个名为 Sarahah(阿拉伯语中的"诚实")的应用程序的设计初衷是建立一个可以自由留言的发言墙。尽管已有超 3 亿的用户,但它已经被谷歌和苹果下架了。滥用该应用程序甚至导致数人自杀。网络世界的出现创造了一种新的思维方式。几年前我访问了一家英国顶级公司,该公司主张在总部各部门张贴白板,鼓励所有员工在白板上写下对公司的任何评论。墙壁显然一直是空白的。在一个没有匿名性保障的物理空间里,没有人会冒险:所以说网络世界会给人一种完全被保护的错觉。

赫尔伯: 来自澳大利亚的麦克劳克林博士(Dr Mclaughlin)指出了八种不同欺凌行为的特征。包括:伤害性的网骂;攻击性的评论;跟踪(欺凌者清楚掌握受害者的所有行踪)；排挤(在某个网络组织中排挤某人,可能是游戏组织、团体组织或其他类似的组织)；欺诈(通过伪造网络身份来建立恋爱关系)；个人化(使用受害者的名字和账户来伤害他们)；暴力威胁；以及视觉欺凌(发布图片或视频以引起尴尬)。

托尼：这些人总会找到新方法来伤害别人。给家长的好建议是：如果他们有任何忧虑,应该及时联系学校,反过来学校也应该及时联系家长。期望把学校办好的管理者总是希望家长向他们及时表达想法,这样就有机会对相关情况采取建设性的措施。但现实恐怕并非如此,有些父母会对学校避而远之,而另一些父母则会带着一股极端的情绪冲进来,十分不切实际地幻想所有事情都能在几分钟内解决。当一个人成为攻击对象时,他的自我认知和自尊会受到很大的影响,而对一个孩子来说,向别人示弱并寻求帮助往往是一件非常困难的事。而且更多的时候,父母也会因为担心事情恶化而选择不再提起。

赫尔伯：打造一个包括受害者在内的团队合作力量,可以给他们提供巨大的情感支持,并加强他们主动合作的决心和能力。我们不要忘记一个重要的事实,欺凌者也需要被找出来：毕竟匿名比面对面欺负别人更容易。欺凌者和受害者可能都是同样绝望的人,但他们并不总是能够被发现和得到帮助。在网络欺凌案件中,施暴者明显焦虑、抑郁,存在显著的自我认知障碍,而这可能是他们不为人知的一面。

托尼：一个实际的建议是,对于那些受到网络欺凌的人来说,重要的是通过以下方式阻止欺凌者——不要回应(也不可能回应,因为大多数欺凌都是匿名的),保留记录,并且尽可能改变最初的网络设置,让伤害难以继续发生。

假新闻

托尼：据一群英国议员说，假新闻正在给民主带来潜在的危机。他们特别关注的是选举结果被外国团体甚至政府操纵的程度，但这个问题涉及的范围要广得多。社区和社会只有建立在日渐增长的信任的基础上才能繁荣发展。故意制造虚假材料（造谣）和无意中呈现错误的材料（错误信息）一旦成为根深蒂固的社会习惯，就会破坏整个社会的本质关系。在剑桥分析公司（Cambridge Analytica）丑闻事件中，数百万人的个人数据在不知情的情况下被收集用来预测投票结果，这件事的发展生动地说明了一件丑闻导致局势失控的速度有多快。

赫尔伯：它的负面影响确实较大。从更简单的层面来说，由小事件甚至非事件产生的假新闻也会造成非常大的破坏。青少年尤其容易被大量图像和错误信息所迷惑。网络上所呈现青少年的生活方式就是假新闻的一个版本。对一个普通的青少年来说，发现每个人在 Instagram 软件上的照片看上去都很快乐和迷人，会让他们觉得自己是另类，进而引发深刻的挫败感。

托尼：人类似乎有一种被假象而不是事实所吸引的倾向。

赫尔伯：现在大家都知道，虚假新闻比确切真实的新闻更令人兴奋。真正的事实却没有这样的能量。麻省理工学院最近的一项研究指出了真假新闻在 Twitter 软件上发出并在全球范围内传播的方式的差异。他们调查了 2006 年（Twitter 成立时）到 2017 年间的 12.6 万条新闻，涉及 300 万人发的 450 万条推文。假新闻被转发的几率比真新闻高出 70%。

托尼：我能理解很多人会有传播听起来很戏剧性的信息的冲动：我们都喜欢"我了解"的感觉，但我仍然不清楚人们为什么会这么容易被假新闻吸引。也许只是因为假故事更有戏剧性和刺激性。

赫尔伯：大概就是如此吧。麻省理工学院的研究人员提到了"谣言瀑布"，并得出结论，在所有类别的信息中，谎言，尤其是与政治事件相关的谎言，传播得更远、更快、更深入、更广泛。Facebook、WhatsApp、Gmail、Instagram 和 Snapchat 等平台都可以用来兜售虚假信息。最近对Facebook 和滥用个人数据的关注仅仅触及了冰山一角，涉及一系列以盈利为目的的社交媒体公司。正如马克·吐温在一个多世纪前所说的那样，"在真理穿上靴子之前，谎言已经游历了半个地球"。

托尼：在某些方面，青少年比成年人更精明：在学校里，他们常常比老师更清楚了解情况的真相。例如，几十年前曾有一场关于漫画对年轻人的负面影响的辩论。教师和其他人都担心程式化的暴力会被模仿。但当时的研究表明，青少年自己实际上很容易区分程式化的虚构和现实生活中的行为。青少年不是单纯无知的受害者。然而，目前的情况存在两点差异：第一，日夜轰炸年轻人的材料数量巨大；第二，任何信息都可以被认为来自无可挑剔的可靠来源——没有任何虚构的成分。

赫尔伯：据说只有 2％的 16 岁以下的人能够识别假新闻。在英国，一个议会组织的报告指出，"它正在年轻人中间推动一种恐惧和不确定性的文化"。也许奇怪的是，年幼的孩子反而更容易发现假故事。那些来自弱势家庭的人，尤其是那些连识字都可能存在困难的男孩子，他们受到的影响最深，很容易被引入歧途。

托尼：这其中的一个关键因素是家庭教育的质量。常与父母讨论问题的孩子通常会发展出更高层次的批判性思维技能。学校也扮演着重要的角色。培养批判性思维绝对应该是学校课程的重心。如果学校目光短浅，无论学生学业成绩多么优秀，都于事无补。我们正在经历培养出一代受良好教育却容易被骗的成年人的风险。

赫尔伯：那对父母有什么建议呢？

托尼：我会让我孩子的学校解释他们是如何在整个课程中培养孩子有效的批判思维技能的。特别是，我希望听到，假新闻的问题可以直接被纳入课程当中。家长也可以向目前正致力于这一领域研究的机构寻求建议。例如，国家文学信托基金会（National Literary Trust）就如何教孩子合理质疑和判断可信度提出了建议。欺诈和虚假一直是人类历史的一部分，并将继续存在，但培养青少年合理程度的质疑品格是一件好事。其中的建议很简单：当你听到某件事时停下来思考；问问自己作者希望人们相信什么，为什么；找出是谁写的故事，检查它是否引用了可信的来源（如 fullfact. org 网站是有用的），并学会对自己坦诚——我对这个故事有什么感受，那可以看出我的什么？

赫尔伯：另一个方面是极端主义。英国研究机构"政策交流"（Policy Exchange）最近的一份报告指出，英国是网上极端主义材料的第五大受众。然而，当被要求从网站上删除危险内容时，互联网提供商却大喊大叫要公民自由。这样看来，在平台提供商（毫无社会道德责任感）和出版商（有一定责任感）之间划清界限似乎是一个危险性的举动。这些平台提供商被一位政府部长称为"非法奸商"。而年轻人承受了最直接的影响。

托尼：恐怖极端主义可能涉及的人数相对较少，但其背后影响的是所有年轻人。这影响来自互联网形成和巩固观点的方式。许多研究表明，一且对任何事情形成了一种观点，就很难看到另一种观点，甚至很难容忍与之相反的论点。有个发生在 20 世纪 50 年代的经典案例，当时最重度的吸烟者完全不相信吸烟危害健康的新证据。持续的、压倒性的信息量往往会使我们沉溺并且深信不疑。更糟糕的是算法文化，它搭建了一个回音室：如果你相信 X，那么你很可能相信 Y，互联网就为你提供 Y。互联网的初衷是开阔视野，把所有人汇聚在一起。但讽刺的是，互联网更像是将我们分隔开来的工具，它给我们的眼睛蒙上了眼罩。

赫尔伯：这个效应在年轻人身上是最显著的，因为他们的审查、质疑和娱乐接受的能力还没有得到充分发展。因此他们很容易受重复广告的影响，这些广告最初可能会被认为可笑，但最终会被年轻人接受成为一种常态。我认为，政府决定禁止 15 岁以下的儿童在学校使用智能手机和平板电脑只是时间问题。法国已经在这么做了。

托尼：我担心"一刀切"的禁令无助于教育年轻人。我们需要更好的关于数字世界的教育，关于这一点的讨论将在第 10 章中展开。

色情作品（见第 5 章）

隐私/安全

赫尔伯：这些大型的科技公司并没有像他们希望我们相信的那样，在他们全球传播的内容上做好保密和信息控制。他们现在处于守势，这是没错，但信息的传播将持续增长，感官虚拟现实控制我们的大部分行为只是一个时间问题，即使我们自欺欺人地以为自己仍是主导者。

托尼：而且不仅仅是信息在持续增长，我们隐私被侵犯的方式也在不断增长。防监控自卫指南（Surveillance Self Defence）指出了一些侵犯隐私的方法：移动信号跟踪；国际移动用户身份（IMSI），它通过假呼叫来获取个人信息；Wi-Fi和蓝牙跟踪，即使设备既不传输信息也不连接到特定网络，也可以定位特定地址；假空白屏幕，手机看起来是关闭状态，但可以继续监测对话和通话；"抛弃式电话"，这是以防监控，短暂使用后即丢弃的手机；恶意软件感染手机。类似的方法不胜枚举。有一种科幻小说正在成为现实的感觉。

赫尔伯：随着年龄的增长，我们会更有自我保护意识，对生活中潜在的有害因素也更加敏感。青少年在有效控制冲动、合理判断和适度共情等方面的能力还有待形成。他们是最容易被侵犯隐私的人。一般来说，人们在网上并不像面对面时那么谨慎。随机的和偶然的想法都会被永久保存在网络中。网上的个人表达会成为你人生中一种永恒的、难以磨灭的印记。可以看到，已经有很多人因为几年前在社交媒体上不经大脑发布的内容而受到中伤。

托尼：我发现这是最难传递给青少年的信息之一：在网上不存在真正的匿名。青少年本可以理智地理解网络隐私，但无论如何他们目前并非如此——除非有一天，他们自己痛苦地发现这一事实。尽管这看似一项艰巨的任务，但家长、老师和同龄人仍应该坚持把这个信息灌输给他们。我所看到的最有效的方法之一就是实际地向青少年展示他们的网络身份是如何被侵入和操控的。任何事情都要眼见为实。年轻人需要知道知识就是力量，但毫无防备地把不该给的知识给了别人，会让自己处于不必要的危险之中。

性短信

托尼：另一个易受侵害的领域是现在所说的"性短信"，它是指通过信息发送色情图片。手机收发方便，加上青少年对其匿名性深信不疑，少男少女们可以轻易地被鼓动发出自己的照片，尽管之后他们绝对会追悔莫及。我记得有一个 14 岁的男孩把自己生殖器的照片发给同龄的女朋友。女孩的母亲截获了这条短信，并立即报了警。让两个家庭都很震惊的是，根据性骚扰和性诱拐的相关法律，这一事件被视为潜在的犯罪行为。实际上，这个 14 岁的男孩被视作一个成年的侵犯者。在这样的情况下，我们会希望常识可以更普及：14 岁的孩子有犯错误的习惯，虽然这些错误本身并不一定代表他有深层次的犯罪倾向或在未来会对社会构成威胁，但至少说明了法律对类似事件的执法力度。

赫尔伯：接收或转发色情图片及信息对青少年来说可能是微不足道的事情，但事实上在大多数国家，无论以何种方式将此类图片发送给他人都被视为一种色情犯罪。在美国，18 岁以下青少年传播色情作品，即使是自拍也是非法的。青少年根本不了解，当这些隐秘信息被公之于众时，会对家人造成多么可怕的影响。

托尼：重点是大多数青少年和他们的家人都不知道性信息骚扰的后果。他们没有预料到随之而来的欺凌、孤立、名誉扫地和自暴自弃——有时甚至是抑郁和自杀。他们更没有意识到青少年可能会面临的严重法律问题。

赫尔伯：有趣的是，女生指导（Girlguiding）慈善机构指出，在 11—21 岁之间的女孩中，有三分之一说在网上最让她们忧虑的是把自己和别人的生活进行比较,别人的生活总是完美得无懈可击,自己却难以企及。不到一半的女孩觉得父母感受到了她们所承受的压力,三分之二的女孩说父母似乎只担心自己被性诱拐。网络性诱拐的确是个重大问题,但令人震惊的是,整个家长群体似乎只关注到这一点,而忽略了年轻人在整个网络体验中所承受的压力。他们怎么可以这样?这可是一个全新的、不断发展的技术世界。

自拍

托尼: 还有一点或许看似不那么重要,但也十分契合这个情况——自拍。如今,自拍文化无处不在:甚至连首相们都会在公共活动中自拍。这表面看似无公害——事实上也基本如此——但我听说一种叫做"自拍症"的状况现在已经被认定是一种真正的心理问题。

赫尔伯: 这是一种在社交媒体上频繁发布自己照片的冲动。这是一种自我摧毁的现象。其目的是发布照片,从而得到观看者的吹捧。但愿!自拍症基于自信、接受、关注和竞争等维度的测评可以按严重程度划分为三个阶段:无法抑制,不断验证,以及很可能被归入躯体畸形障碍(BDD)(参见第6章)。

托尼: 但这是一种可以接受的社交活动。2013年,"自拍"被牛津英语词典评为2002年的年度词汇。我听说全球每天都有大约400万张自拍照上传到社交媒体上。显而易见的是,过于专注自我会导致与他人的关系变得贫乏,不过除此之外还有更深层次的心理伤害吗?

赫尔伯: 灌输自恋意识是一个问题,但还有更多问题。虽然人们并不总是能意识到这一点,但自拍往往是PS过后的产物,它被名人广泛地用来制造关于他们真实外貌的假象——腹部、胸部、臀部、面部特征等,皆不例外。自拍照看似展示了简单而诚实的形象,但实际上它满是谎言。一旦一个人没有在照片中展现出他所希望呈现的"精修版"的现实,他是多么容易情绪崩溃。而且这些图片将在网络中永存。这些很容易导致自尊受损、焦虑、抑郁等后果,甚至如果过度的话,也几乎不可避免地会产生社会孤立。

屏幕的常态

托尼:屏幕是现在生活中一个正常的、普遍接受的、重要的部分,这一点已经被频繁提及。我们也已经作出评论,这项技术在带来的一些珍贵机会的同时,也带来了严峻的问题和危险。

赫尔伯:孩子们在成长过程中缺乏有来有往的语言沟通、人际联系以及面对面接触等方面的健康互动环境,而是持续受到从屏幕到大脑的单向灌输的负面影响:只是被动地接受而不是主动地输出。这是问题的根源。如果国家层面能够通过各项规章制度来阻止这颗严重影响社会各个阶层以及各个年龄层有序发展的"定时炸弹"就好了。一遍又一遍,我们必须扪心自问——消极的一面是否大于积极的一面,毕竟我们深知及时的资讯是如此珍贵和奇妙的事物。大多数成年人都还记得自己在一个有杂志、书籍、讲座和对话的世界里生存和发展。我们不一定非要让社交媒体主导我们的生活。

托尼:我并不灰心。有证据表明,转向正在发生,许多人的使用率已经达到峰值,很多年轻人现在正在现实世界中累积更多的经验。可以注意到,Facebook 使用群结构在转变,一旦一些新事物开始被老年人所接受,它对年轻人的吸引力就会大大降低。很可能下一代的青少年会对他们的长辈对社交媒体的依赖感到相当同情。

赫尔伯：事实仍然是，互联网本质上是一个数字化脱节、构建虚假现实的过程，摆在我们面前的问题是如何达到合理平衡。过去那些于我们有益的百无聊赖都去哪了？曾经，百无聊赖让我们有大把的时光可以不断地深入思考，不断地探究创新。而这些都不是我们通过屏幕上的单向互动可以实现的。

托尼：数字世界改善了我们的生活，但我也坦然接受着它会影响我们的生活这一事实。互联网可以弥补人们无法与真人相处的缺失，也是一种隐藏在自我的想法后面、否定所有其他人的方法。这是一种幻想中的存在，带来人们对生活的脆弱的满足。你所说的平衡只能通过与家长、老师，尤其是同龄人之间开放且定期地交流网络世界的好处和风险，才能实现。我已经看到这一点做得很好——这是可能的。而当网络世界是一个私人的、阴暗的、秘密的体验时，问题才真正开始浮现。

第 10 章

展望未来

如今，我们站在重大变革的风口浪尖是司空见惯的事。年轻人将要继承的世界可能看起来与他们的父母所理解的世界大不相同。改变已经开始发生了。

人工智能正在迅速发展。超级智能（ASI）即将面世，届时机器世界将代替执行人类的许多功能，它们不仅能更有效地完成这些功能，而且还能完成人类根本无法完成的事情。一台被编程用来击败人类象棋天才的机器，就像1997年深蓝（Deep Blue）对加里·卡斯帕罗夫（Garry Kasparov）所做的那样，已是一个古老的历史。超级智能将比工业革命更彻底地改变我们的世界。变化的速度之快令人震惊，也令人生畏。专家们认为，超级智能时代要么给我们带来难以置信的好处，比如消灭疾病和饥饿，要么给人类带来毁灭。这将是一个巨大风险和伟大机遇并存的时代。这两个主题对任何讨论青春期的人来说都是众所周知的：就好像我们作为一个物种，几千年的发展刚刚把我们带到了集体青春期的地步。

人类是线性生物。我们以一种有序的方式一步一步地提升我们的思维，提高我们的价值观，经营我们的生活。但我们即将面对的变化不是线性的，而是指数型的。

事实上，没有人真正知道会发生什么，或者什么时候发生，但很明显，现在上学的孩子们正开始面对一个急剧变化的环境，在这个环境中，许多熟悉的传承智慧和经验的轮廓不复存在。这严重影响了我们学校和家庭教育孩子的方式。

有一种观点认为，学校将变得多余——我们将能以更低廉的价格在网上获得更优质的教学。但事实上，人工智能的兴起，以及孩子们不需要上学就可以学习的趋势，正好说明了学校的真正目的和重要性——学校从根本上来说一直都是社会性的。和其他孩子在一起，我们能更好地理解生而为人的意义。良好的习惯始于小学阶段，继而在家里得到巩固，从而塑造自律、自主、勤奋的个性。这种塑造的完成需要学校的结构化环境，从而为孩子提供丰富的常规活动和密切的人际交往关系，这些都是仅仅在家里无法实现的。

人工智能最终可能会取代我们所做的许多事情——计算、重复、大量分析、精确——但这反而使我们能够专注于真正区别我们作为人类的因素。这其中的核心是关怀和同情心，这是赋予社会身份的人的品质，如果我们要生存下去，就需要对此进行鼓励和颂扬。

好奇心和创造力也是人类所独有的。我们的默认思维是收敛的，并重视反应速度。我们直觉地寻找简单的默认路线。创造力则发生在打破常规的时候。这在数学上和音乐或艺术上的可能性是同等的，取决于特定学科或活动是如何开展的。青少年特别擅长以非常规的方式进行创造性思维，我们往往通过一个为另一个时代建立的考试系统，坚持聚合思维，从而将他们的创造性思维驱逐。所有伟大的发现和发明都源于不墨守成规者的思想，这就是为什么我们永远不应该轻视青少年口中的新思想——这些可能是通向伟大事物的途径！古怪的个人主义可能是一件好事，但它也会导致一个短视的"我第一"习惯。我们是群居动物，所以通常一起工作时会处于最佳状态。合作是人类的另一个特别特征，也是一种必要的人类技能。

国际雇主说他们需要具备以下两个基本素质的人才：创造力和正直。他们把学术能力视为一个有用的起点，但仅此而已：有许多高素质毕业生是他们并不会雇用的。我们从高素质带来的明显的安全感中获得虚假的信心，而实际上我们需要的是一系列造就有效公民和有趣生活的技能和品质。

调查显示，大多数学校习惯因循守旧，但却不太明晰自身更大的发展目标。我们的思考方式也是如此：大多数时候，我们并不像我们想象的那样具有自我批判性和适应性。从长远来看，最成功的机构和公司都是建立在持久的价值观之上的，但它们都是具有自我批判精神的，对变革的态度也很乐观。作为父母，我们需要这样，我们的孩子也需要这样。

有些事情不会改变：识字和算术将继续作为根本的基石。数学是对智力严谨性最好的考验，但正是阅读能力不足阻碍了这么多年轻人的发展。牛津大学出版社2018年4月的研究显示，这种情况正在恶化。现在，40%的5岁学生的词汇量非常有限，这对他们的整体学习有很大影响。其中一部分原因是上网所需的词汇量有限。对任何一个孩子来说，最伟大的礼物之一就是养成为了阅读而阅读的直觉习惯，这种习惯最早扎根于儿童时期，但在青少年时期仍有可能获得。

一个新的社会元素是数字教育，不仅仅是在技术技能方面，还在于帮助年轻人获得数字自信和数字意识。这方面有一些好的做法。数字商（DQ）是一个用来识别数字化能力的术语。数字商研究所的项目将数字商与智商和情商视为同等重要的。该项目从儿童8岁时开始培养，覆盖了一系列与培养"智慧、有能力和负责任的数字公民"相关的问题，培养孩子创造性地使用、控制和创造技术,造福于自我和社会。这个项目意图是值得称赞的。这是一个家长可以直接采取行动的领域。目前很少有学校开办这样的课程,但家长可以想办法参加这样的项目。

对年轻人来说,这个时代在许多方面都可以称得上是一个伟大的时代:他们比以往任何时候都更健康、更好,有互联网时代来激发他们好奇心和创造力,以及在有生之年看到人类取得巨大进步的令人振奋的前景。然而,他们也必须应对比过去几代人更复杂的问题。这是引发他们不满和焦虑的主要原因之一。家长和学校可以通过简单化的方式来帮助孩子:制定明确的规则,让青少年知道自己的现状;确定需要优先坚定立场的问题;倾听和解释。如果有疑问,请保持简单化的方式!

现在,家长们比以往任何时候都更应该准备好支持学校,但同样也要准备好接受建设性的批评。学生应该积极参与这个过程。青少年和家长需要感受到与教育的联系。想想看,就在不久前,直接让学生做下一个他们不知道因何而做的任务还是很正常的现象。尤其是青少年,但是当他们看到被要求做的事情背后的目的时,他们会更好地配合。

在所有阶段,把学业追求放到一边,不管时间多紧张,也要空出一点时间参加其他活动,这是至关重要的。在发展过程中,精神、情感和身体的成长与其他一切一样重要,包括消除耻辱感等有助心理健康的活动,这会培养孩子学会移情并对自己和他人的感受更敏感。

我们很容易列出当今青少年在未来需要具备的素质——大多数人都会列举适应性、决心、价值观、自信等因素——但难的是说清这些素质是如何形成的。其中一个关键因素是失败。失败很重要:它会导致绝望和彻底放弃,但是当失败不会让一个人产生自卑感,而是让他学会培养自己坚韧的习惯时,失败就是非常有价值的。学校和家庭应该是允许和善用失败来促进青少年孩子产生深刻理解的地方。

所以:我们应该教我们的青少年什么?曾有一群来自不同国家的青少年有机会为 2018 年 7 月在韩国举行的国际会议制定议程,他们决定关注对他们最重要的事情。他们的会议题目是"人类的状况",主要分为两个主题:科技和社交媒体对学生生活的影响,以及他们如何发展情感上、身体上和心理上的自我。他们想更多地了解情绪背后的科学、网络欺凌的影响、管理社区内的关系;他们关心健康的生活、体育运动在培养自尊方面的价值以及好的和坏的压力;他们想更多地了解如何学习是最有效的,以及学习中的道德领导力和冥想的价值。他们一语中的。青少年往往比成年人更清楚什么才是真正重要的。他们选择的主题与他们的现在和未来有关。

完整儿童的教育是一个古老的观念,但对今天的青少年来说有着全新的紧迫性。

对青少年的七大寄望

当年轻人到了青春期尾声,我们希望看到他们:

1. 在自己的身份里感到舒适:放松地认识到身份不是永远固定的。个人的不确定性是没有问题的。有能力做出自信的判断,不因别人的期望而感到压力,不拒绝任何已经教过的和展示出来的东西。对自己的优势和成就感觉良好。

2. 意识到自己不是世界的中心:具备同理心。不物质地或个人中心地定义成功,而是真诚地为他人的成功而庆祝。有敏锐的鉴赏力,欣赏自我,认可"如果没有上天的恩典,我不会是如今的我"。

3. 能够抓住机遇：以务实的乐观态度对待生活,能够平静地面对不确定和未知。积极向上,既有抱负又有灵机。

4. 用能想到的任何表达方式展现创造力。

5. 培养细致入微的观点意识：看破虚假,分析论点,用层次清晰的方式表达观点。知道生活永远不会完美或公平,并接受这一点。

6. 在真正的合作中获得快乐：分享想法,并在实现共同目标中获得快乐。

7. 看穿幸福的骗局：知道它是我们行动和思想的副产品。不被对理想状态不切实际的期望所驱使,而是通过他们周围的世界以及他们在其中的参与来获得快乐。

致　谢

特别感谢简和杰妮,也感谢所有丰富了我们生活的青少年。以及在我们所有人生命中徘徊的青春期!

"孩提时代可决定人之未来。"

——威廉·华兹华斯,《我心雀跃》(1807)

"不管你活多久,前二十年都是你生命中最长的一半。"

——罗伯特·索西,《医生》(1812)